Vorwort zum Schülerarbeitsheft

Dieses Heft ist in starker Anlehnung an den Kieler Lese- und Rechtschreibaufbau und auf der Grundlage theoretischer Aussagen von Dr. Lisa Dummer-Smoch, Michael Kalmar sowie Professor Ralph Weigt entstanden.

Das Heft ist als Arbeitsmaterial zur Förderung der phonologischen Bewusstheit und als Beginn des Lese- und Schreiblehrgangs für Schüler an Grund- und allen Förderschulen konzipiert.

Grundlegende theoretische Überlegungen, genaue Erklärungen zu den einzelnen Übungsformen, eine Übersicht und Bezeichnung zu den Abbildungen, Lernstandskontrollen und Kopiervorlagen befinden sich in der Handreichung zu diesem Heft. Ergänzt wird das Schülerarbeitsheft durch die Bildkarten, Viererfenster zu den Buchstaben, ein Lesetraining zu Analyse und ein Schreiblernheft.

Annett Zilger
Anne Volkmann

Inhaltsverzeichnis des Vokaleheftes

Arbeitsanweisungen im Schülerarbeitsheft

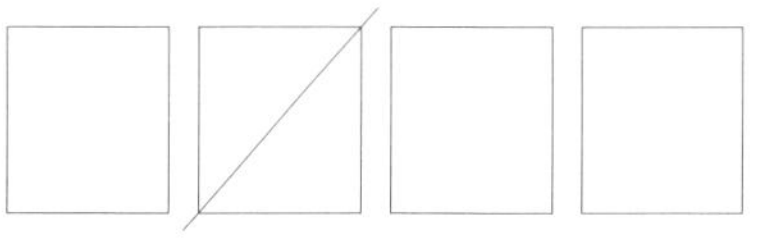

Streiche das Bild durch!

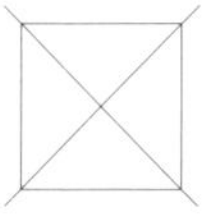

Kreuze das Bild an!

Anfang

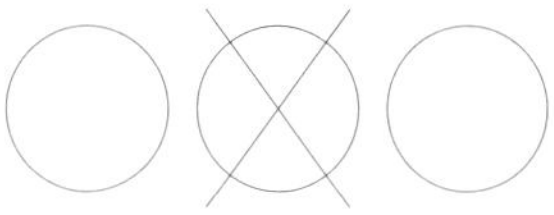

Mitte

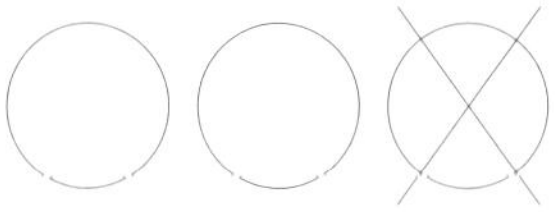

Ende

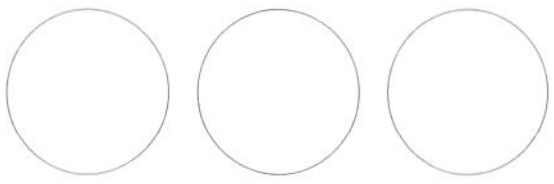

Entscheide: Anfang, Mitte oder Ende

Silbenboote

Verbinde!

Schneide das Bild aus!

Klebe das Bild auf!

Male oder zeichne!

Schreibe!

Lies mit Geheimzeichen!

Male Silbenboote! (Hose, Telefon, Sirene, Mama, Lama, Opa)

Male Silbenboote! (Banane, Salami, Hase, Papa, Oma, Ananas)

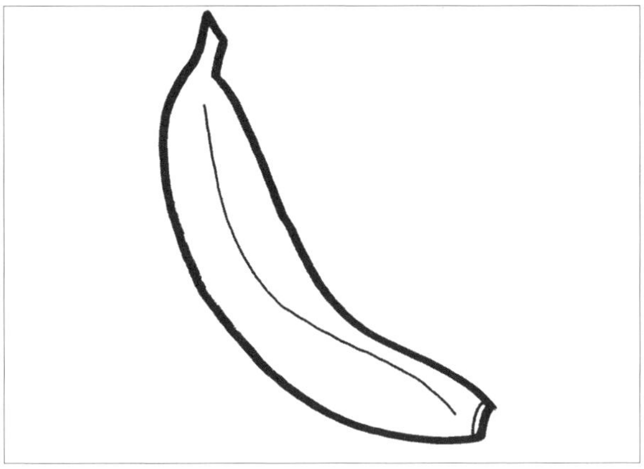

Male Silbenboote! (Nase, Hose, Papagei, Ameise, Domino, Sofa)

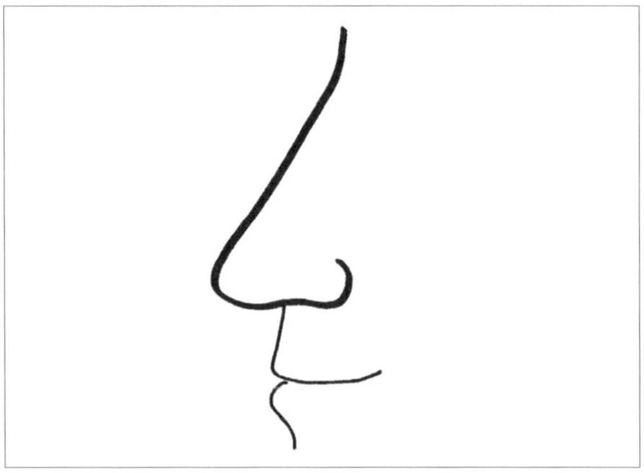

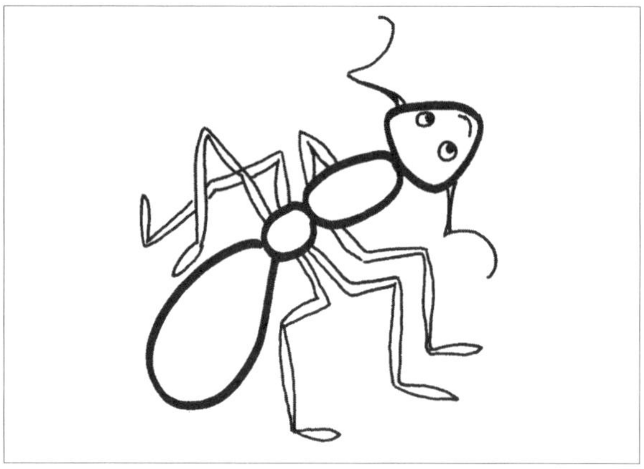

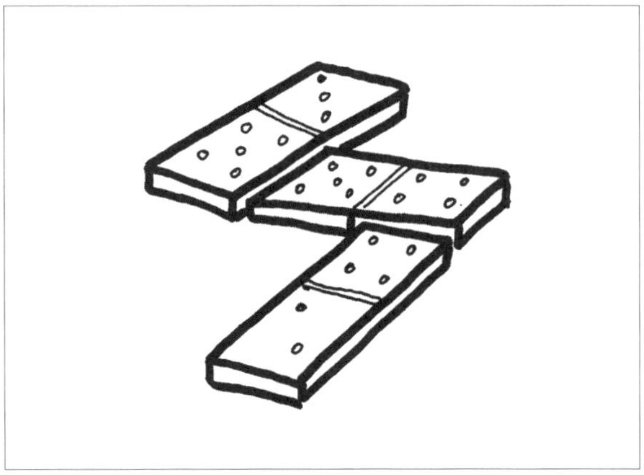

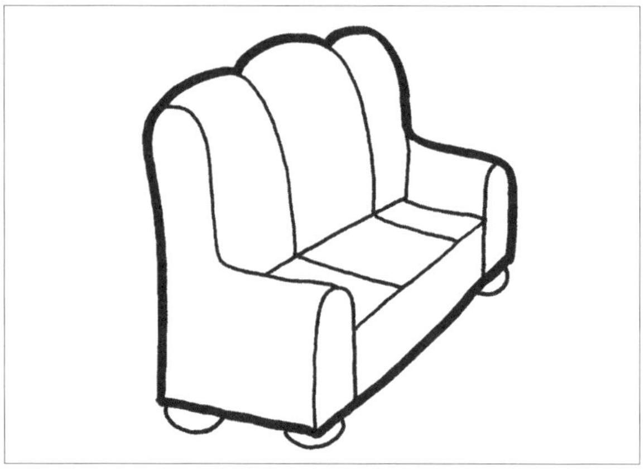

Male Silbenboote! (Uhu, Telefon, Papa, Polizei, Hase, Schule)

Male Silbenboote! (Mofa, Domino, Emu, Papagei, Sirene, Oma)

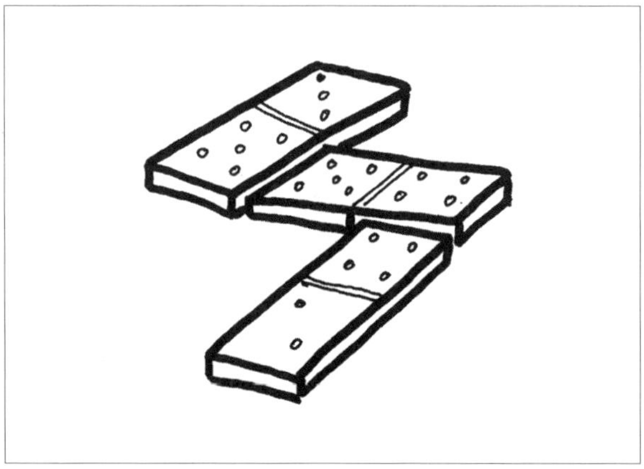

Male Silbenboote! (Lokomotive, Sofa, Hase, Salami, Lama, Schokolade)

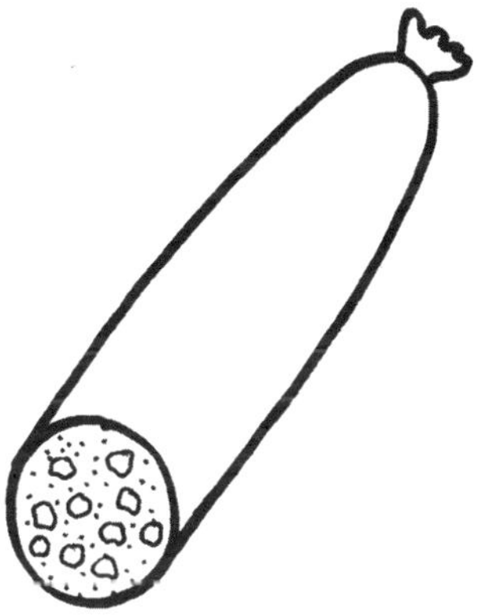

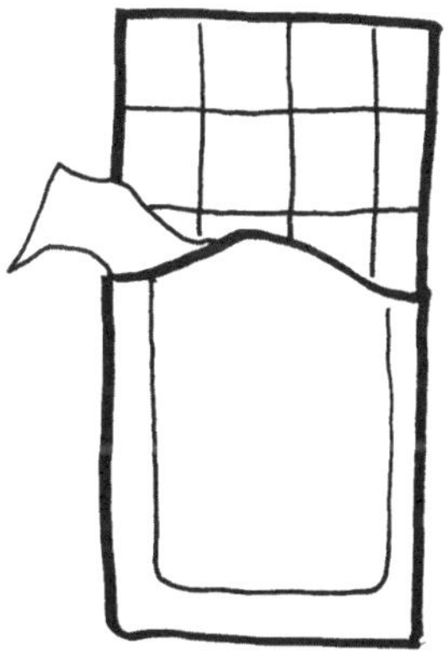

Welches Wort beginnt wie Ameise? Verbinde die Bilder mit Ameise!
(Made, Adler, Aal, Marmelade, Maus, Arzt, Arm)

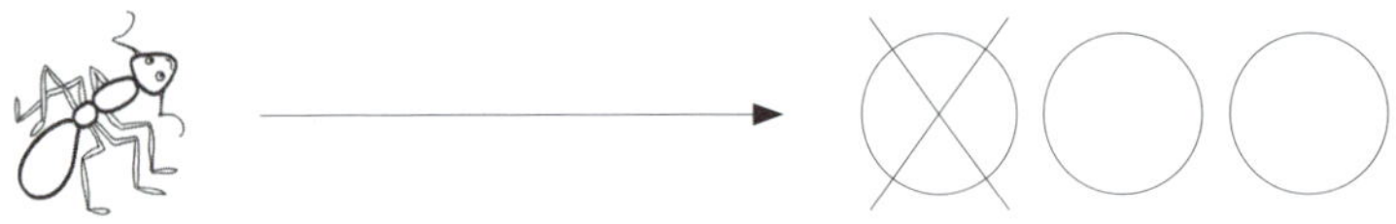

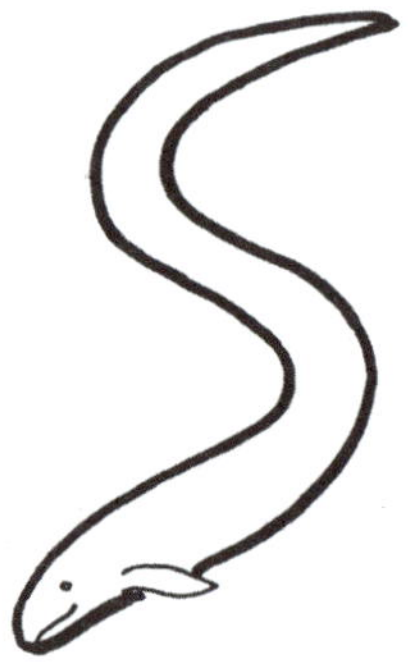

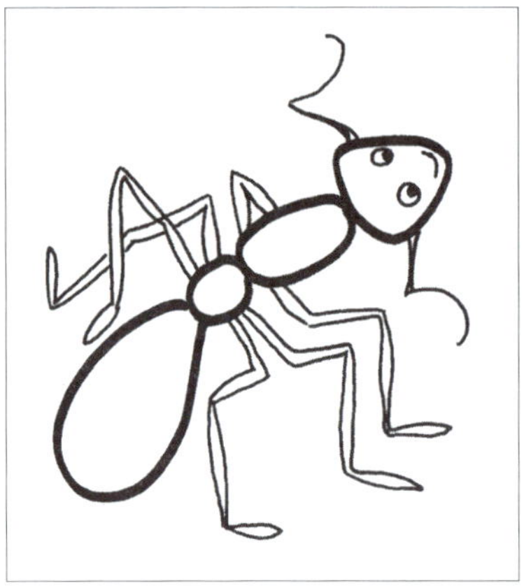

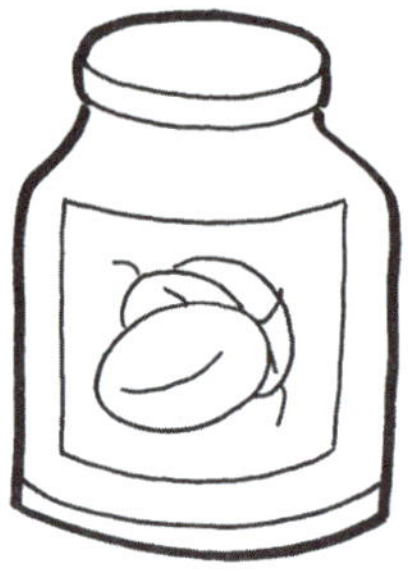

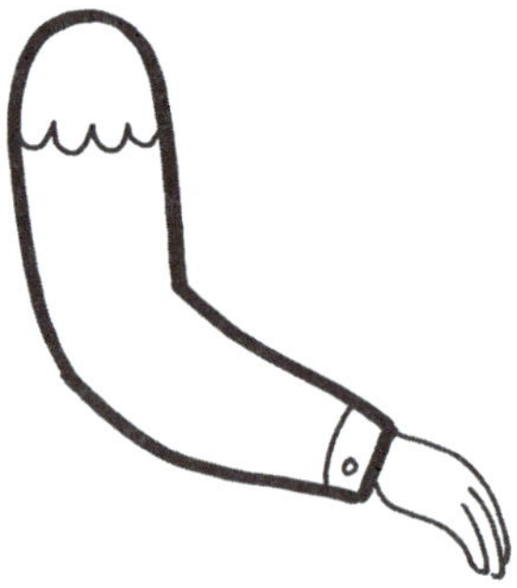

Welches Wort beginnt wie Ofen / wie Instrumente? Verbinde!
(Insel, Osterei, Oma, Insekt, Indianer, Obst, Opa, Imker)

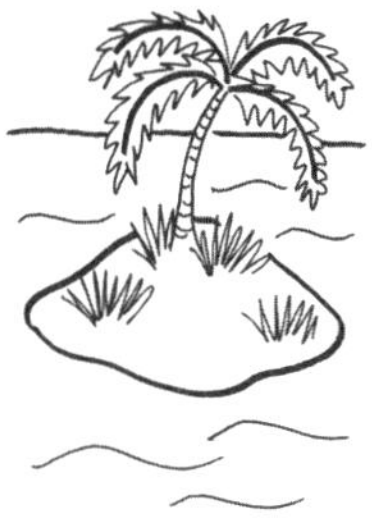

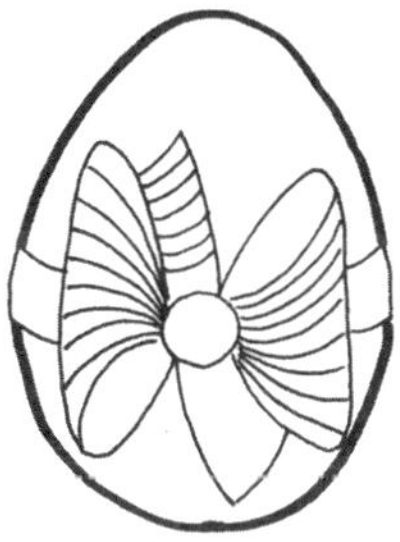

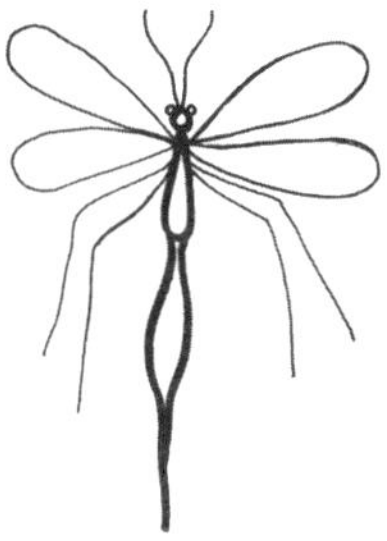

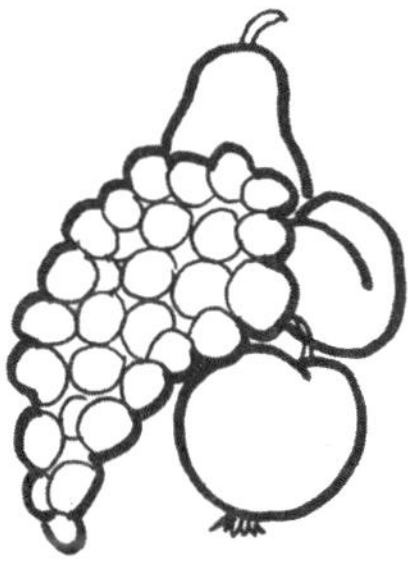

Welches Wort beginnt wie Uhr/wie Elefant? Verbinde!
(Esel, Erde, U-Boot, Uhu, Emu, Urwald, Urkunde)

Welches Wort beginnt wie Mond / wie Foto? Verbinde!
(Made, Fisch, Mama, Feder, Fuß, Fahne, Maus, Marmelade)

Welches Wort beginnt wie Schuh / wie Lama? Verbinde!
(Schokolade, Luftballon, Lupe, Limo, Lampe, Schi, Schule, Schirm)

Welches Wort beginnt wie Rose / wie Salami? Verbinde!
(Raupe, Sandale, Sessel, Radio, Seil, Rakete, Seife)

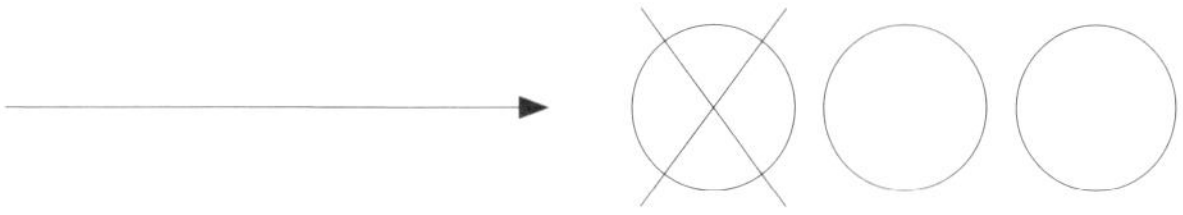

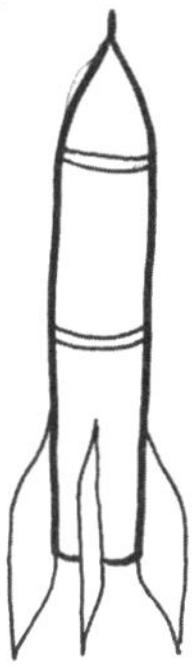

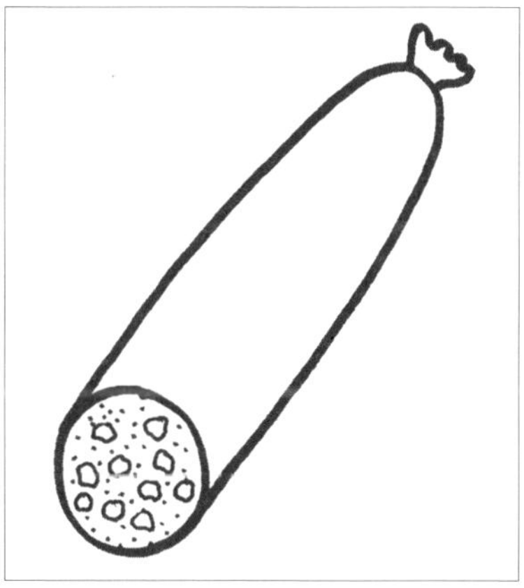

Welches Wort beginnt wie Nase / wie Wal? Verbinde!
(Wurm, Wanne, Nashorn, Wolle, Wald, Nest, Nadel)

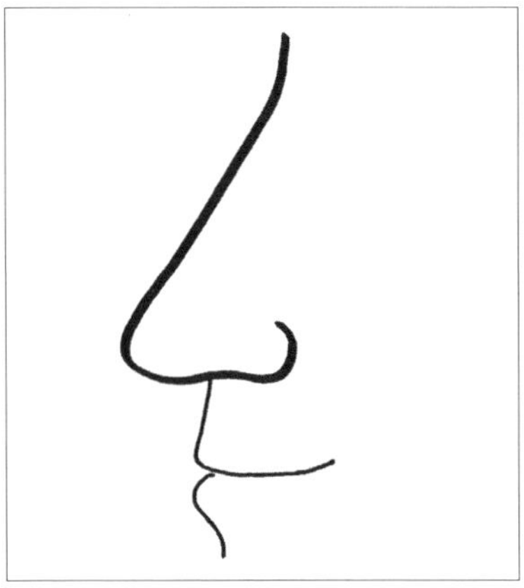

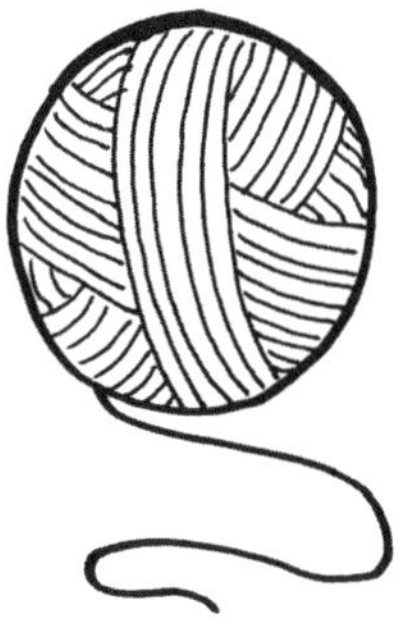

Verbinde die Bilder, die sich reimen!
(Dose, Hose, Fisch, Lupe, Hupe, Haus, Maus, Tisch)

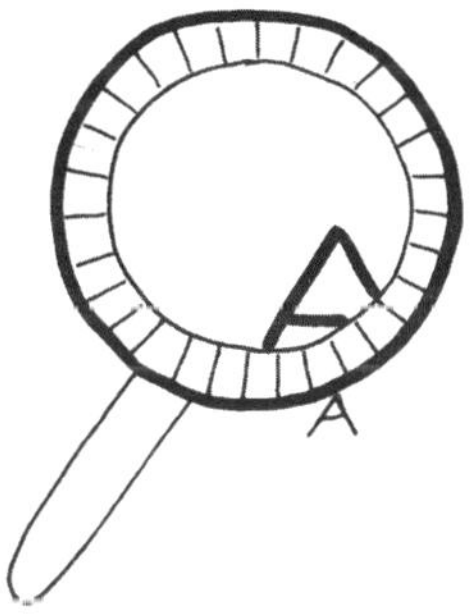

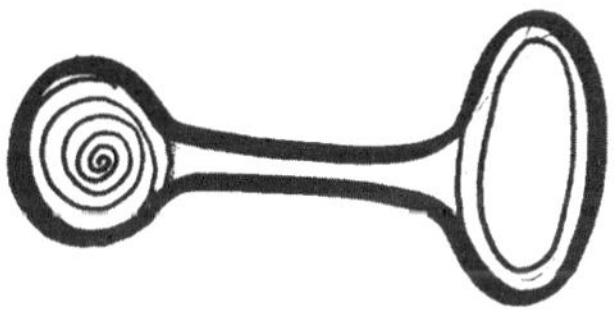

Verbinde die Bilder, die sich reimen!
(Topf, Beule, Rose, Hose, Zopf, Schaum, Baum, Eule)

Verbinde die Bilder, die sich reimen!
(Fahne, Pinsel, Hase, Sofa, Nase, Insel, Mofa, Sahne)

Verbinde die Bilder, die sich reimen!
(Hose, Wade, Bett, Boot, Brot, Brett, Dose, Made)

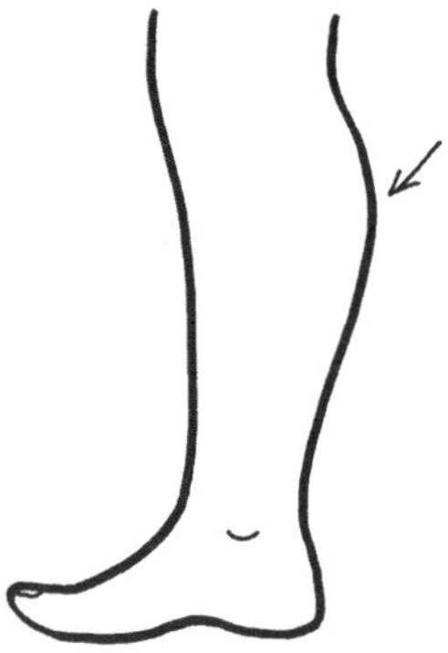

Verbinde die Bilder, die sich reimen!
(Zopf, Beil, Topf, Seil, Schwein, Tasche, Bein, Flasche)

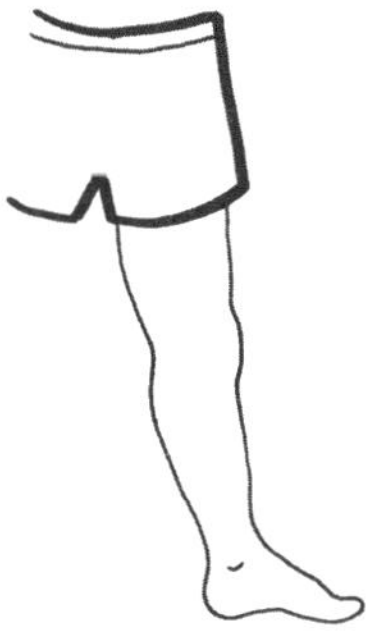

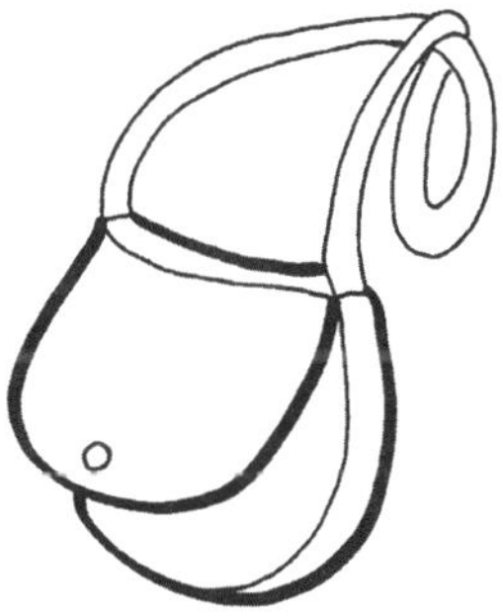

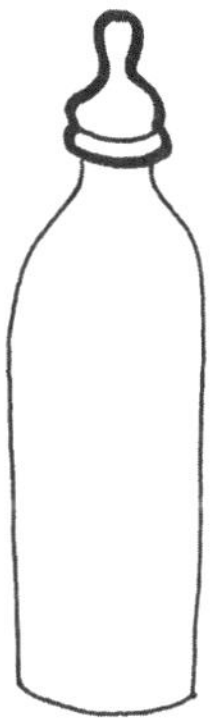

Verbinde die Bilder, die sich reimen!
(Tee, Insel, Schüssel, Made, Schlüssel, Klee, Pfeil, Wade, Pinsel, Beil)

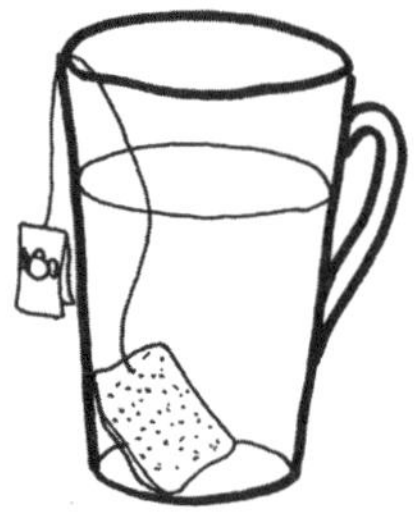

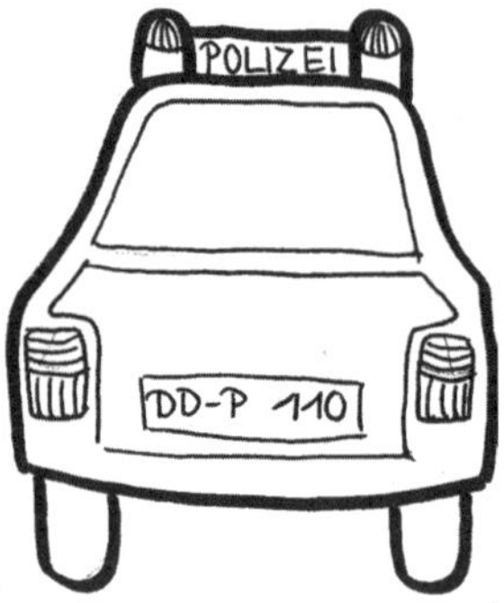

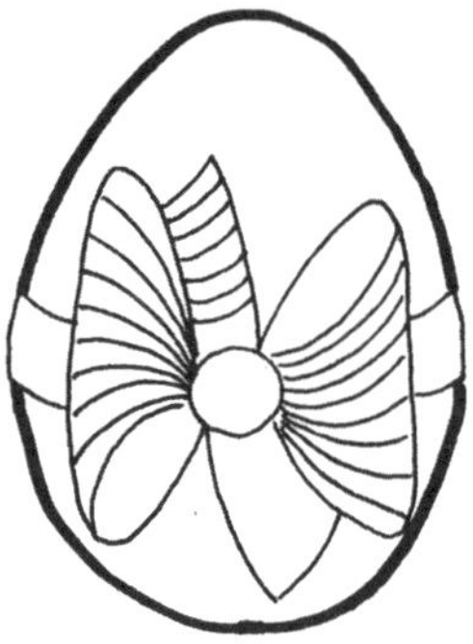

Welches Wort beginnt mit A? Kreuze an! Male Silbenboote!
(Adler, Tisch, Igel, Aal, Aquarium, Dose)

A 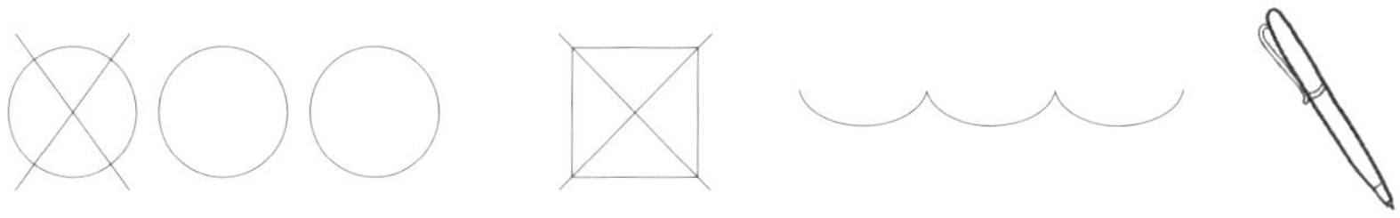 A

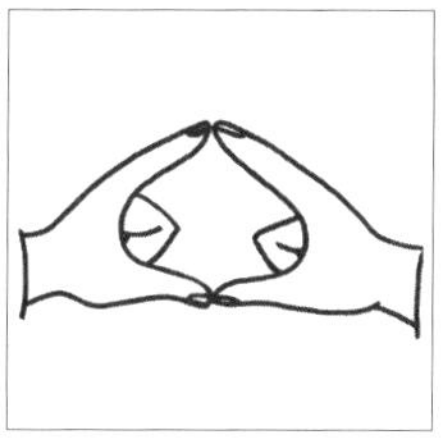

Welches Wort beginnt mit A? Kreuze an! Male Silbenboote!
(Abfall, Pinsel, Anlegestelle, Fuß, Album, Arm, Insel, Aquarium, Knopf)

A 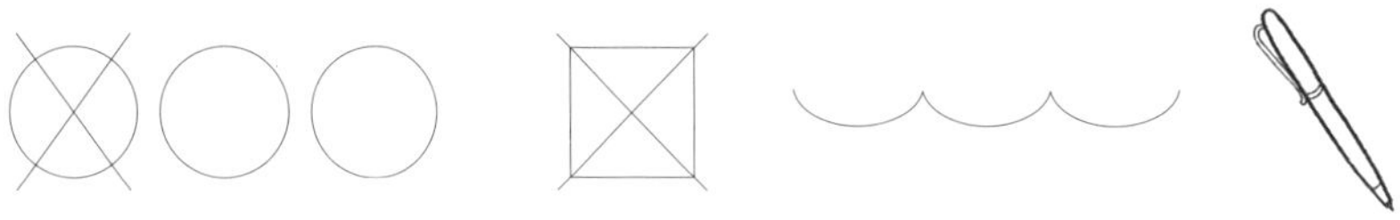 A

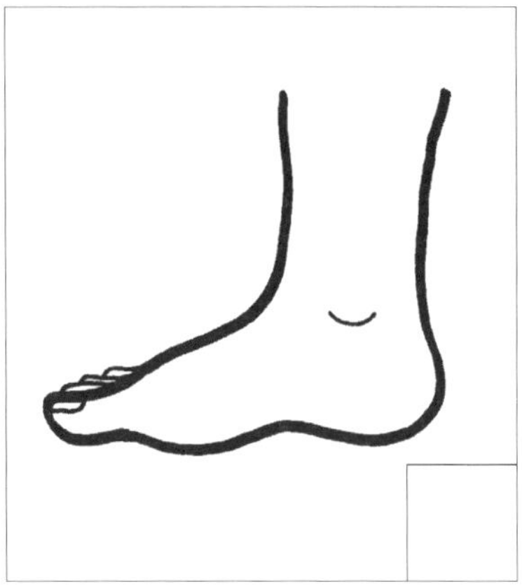

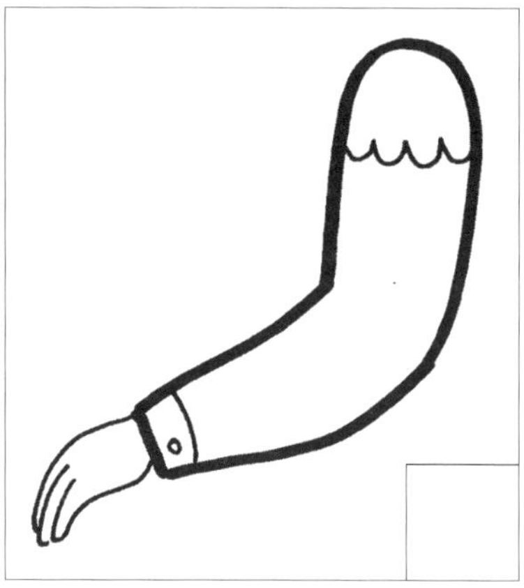

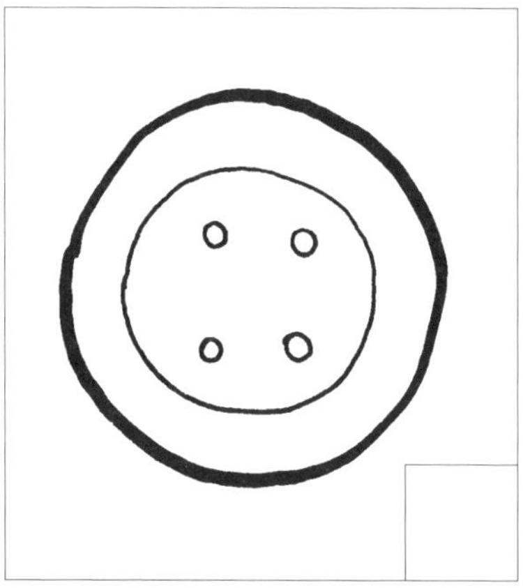

Welches Wort beginnt mit A? Kreuze an! Male Silbenboote!
(Besen, Anker, Apfel, Affe, Schlüssel, Anlegestelle, Insel, Zwerg, Ananas)

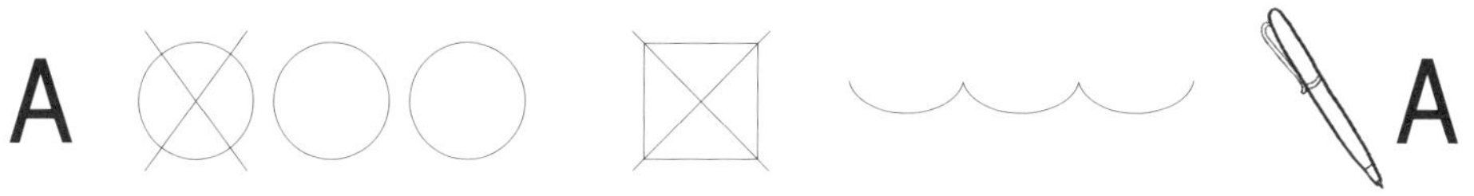

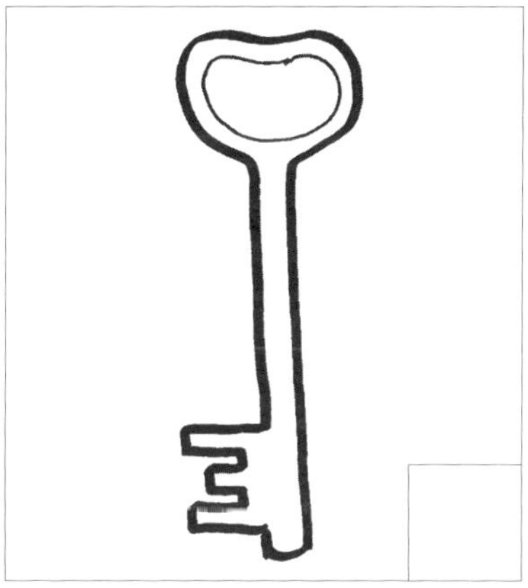

Welches Wort gehört nicht in die Reihe? Streiche es durch!
(Affe, Uhr, Apfel, Anker, Topf, Angel, Anlegestelle, Antenne, Arm, Rose, Arzt, Adler)

A

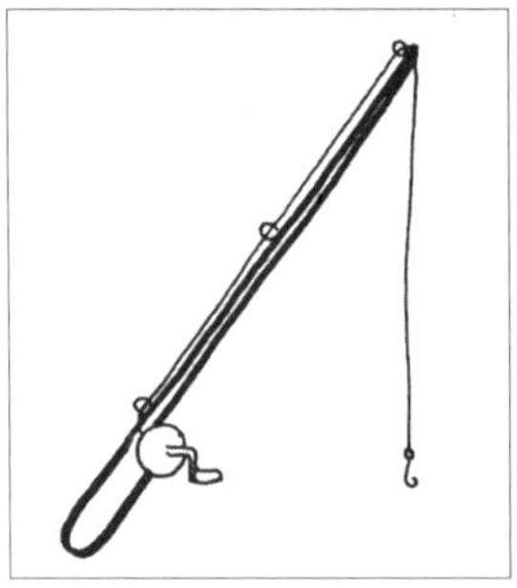

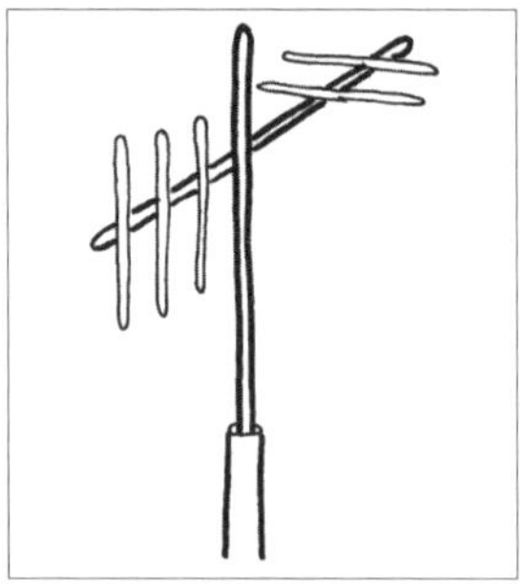
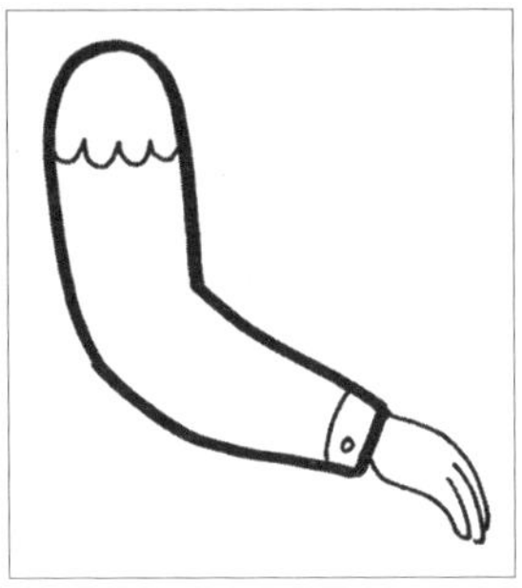

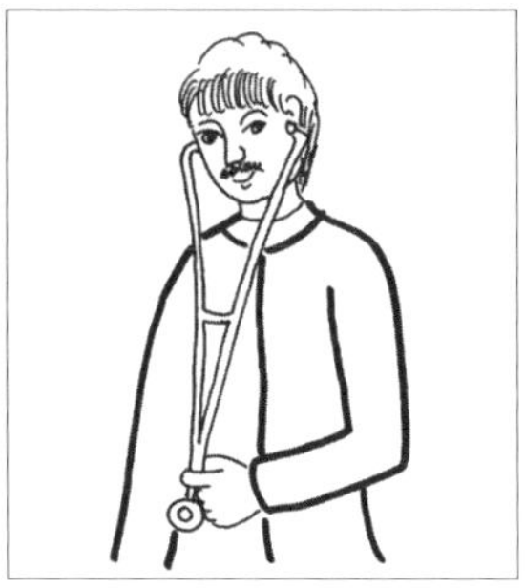

Welches Wort gehört nicht in die Reihe? Streiche es durch!
(Aprikose, Axt, Affe, Esel, Album, Anlegestelle, Igel, Aal, Obst, Ast, Anker, Aquarium)

A

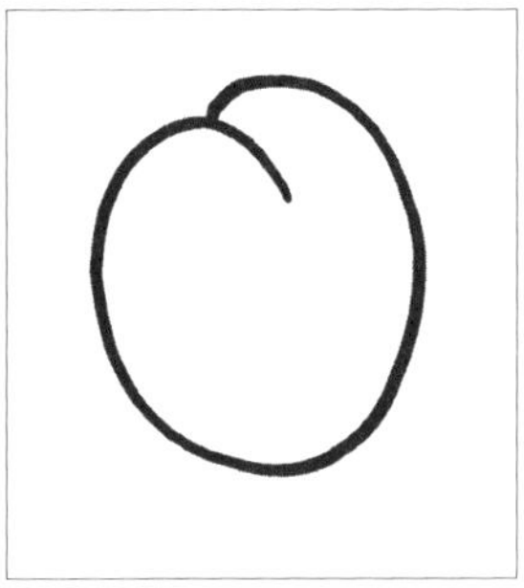
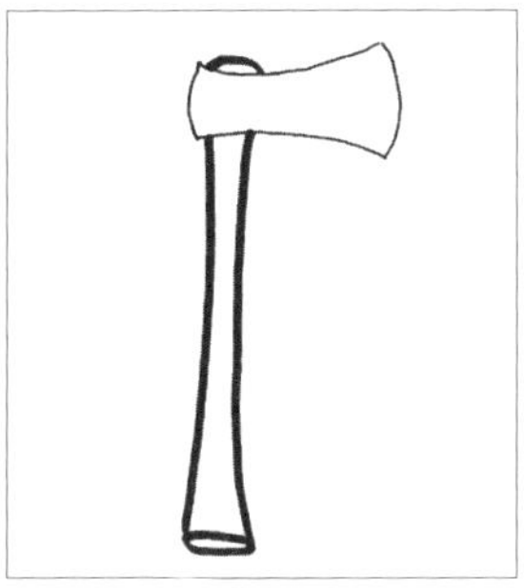

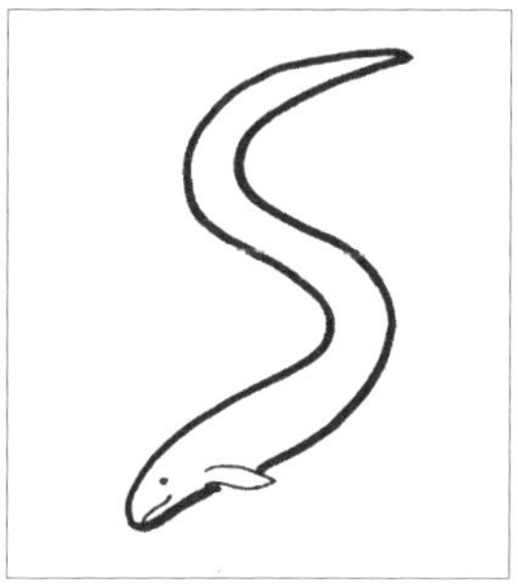
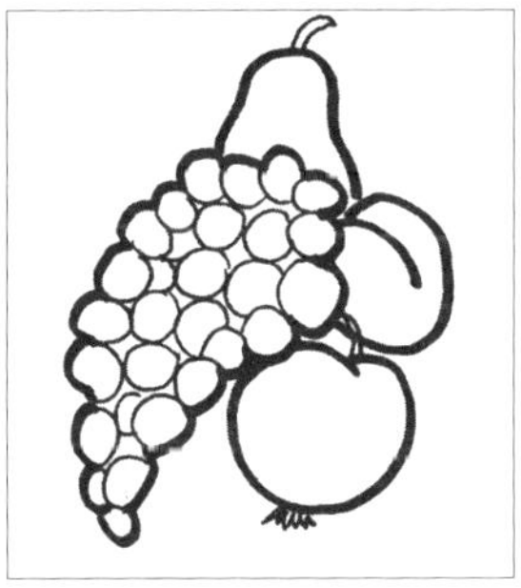
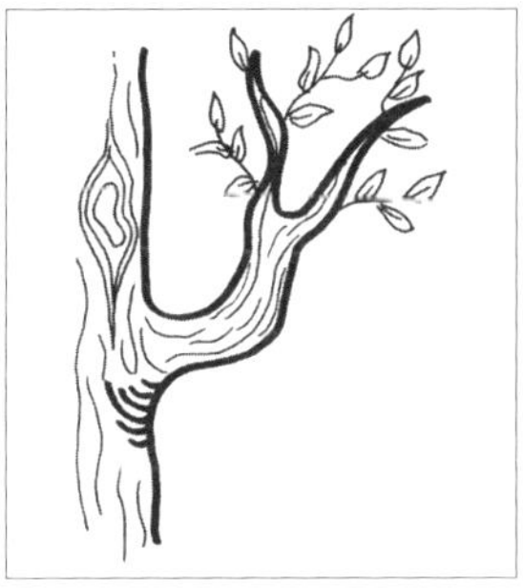

Schneide die Bilder aus Bastelblatt 1 aus!
Klebe die Bilder auf, die mit A beginnen! Kreise alle A ein!

Bastelblatt 1

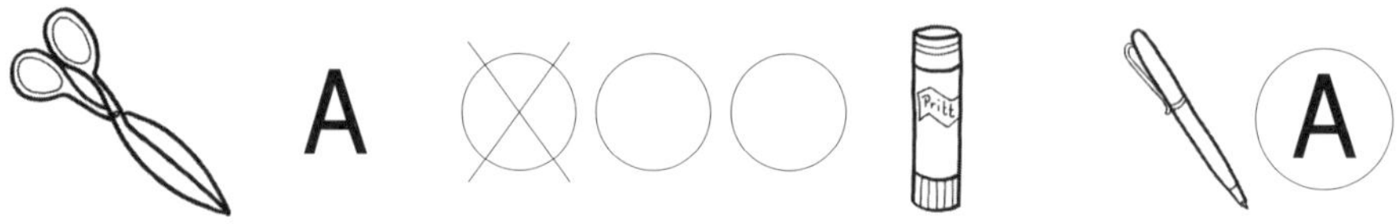

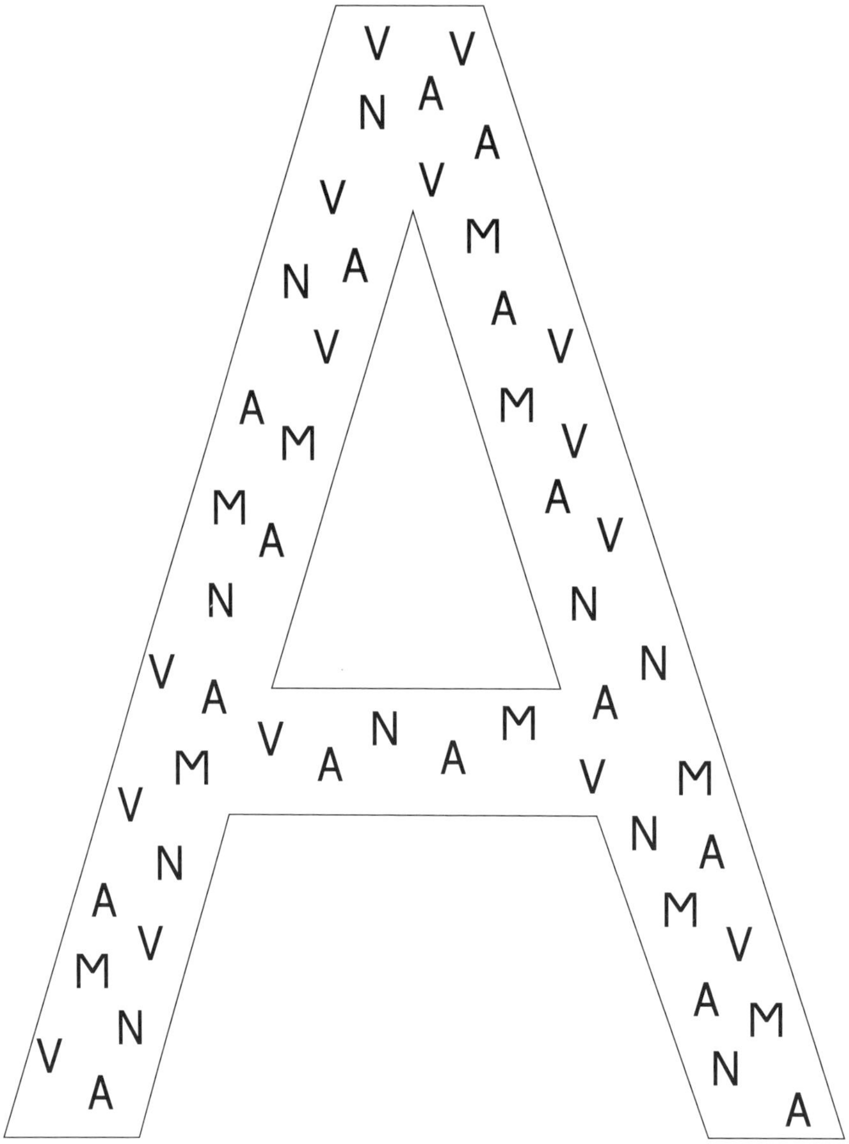

Adler, Elefant, Igel, Anker, Angel, Ofen, Unterhemd, Eskimo, Abfall, Anlegestelle, Obst, Aprikose

Welches Wort hat ein a am Ende? Kreuze an! Male Silbenboote!
(Pilze, Opa, Mofa, Sofa, Besen, Zebra, Foto, Oma, Gorilla)

a 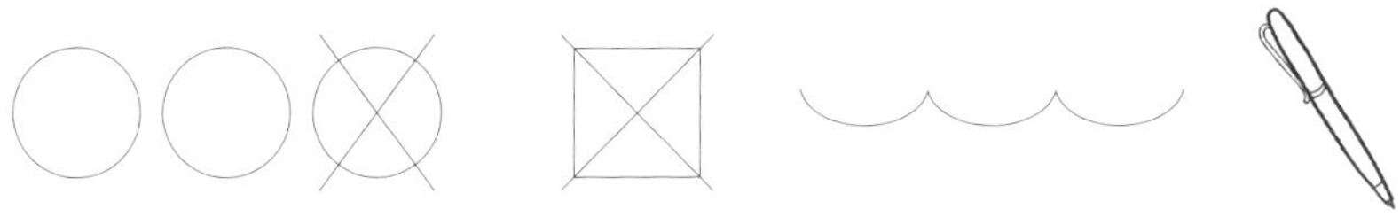 a

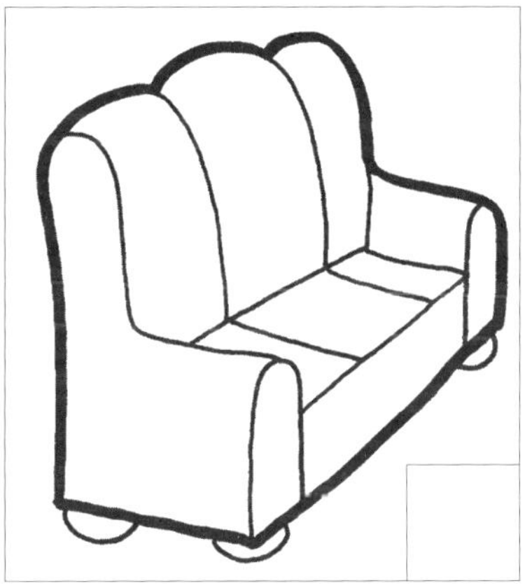

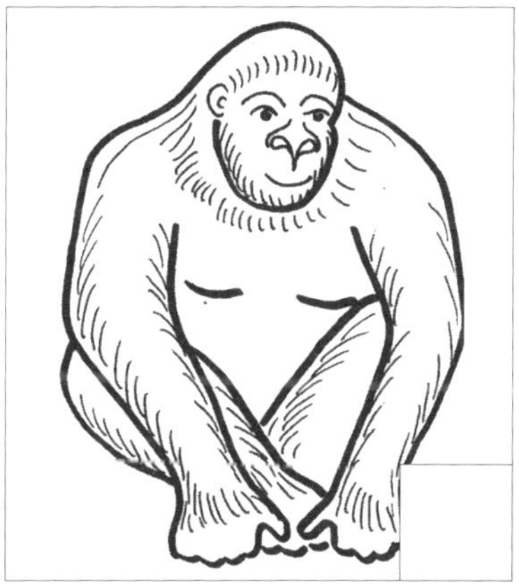

Welches Wort hat ein a am Ende? Kreuze an! Male Silbenboote!
(Tuba, Sofa, Domino, Klee, Gorilla, Opa, Oma, Bonbon, Zebra)

a 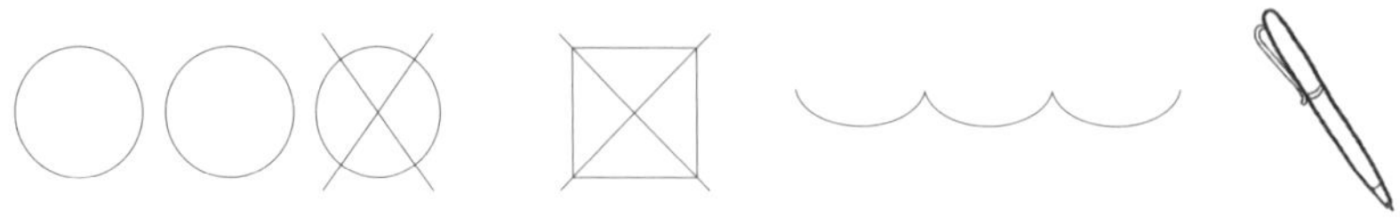 a

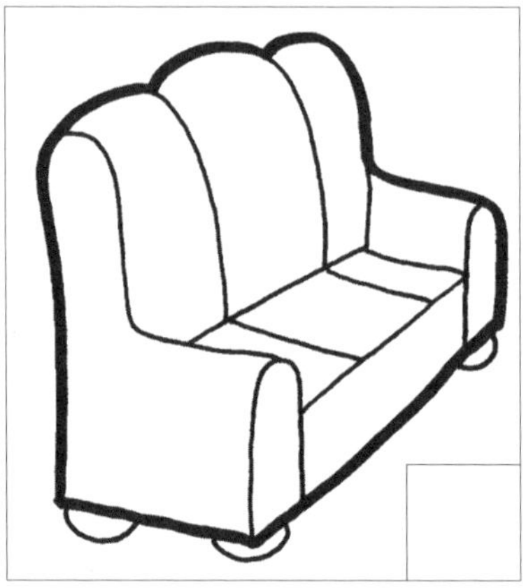
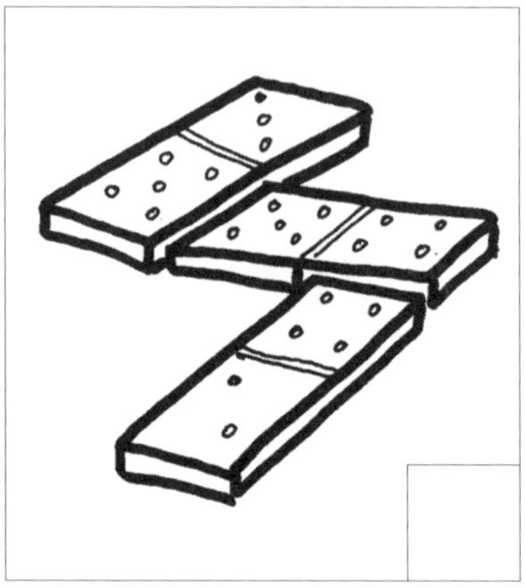

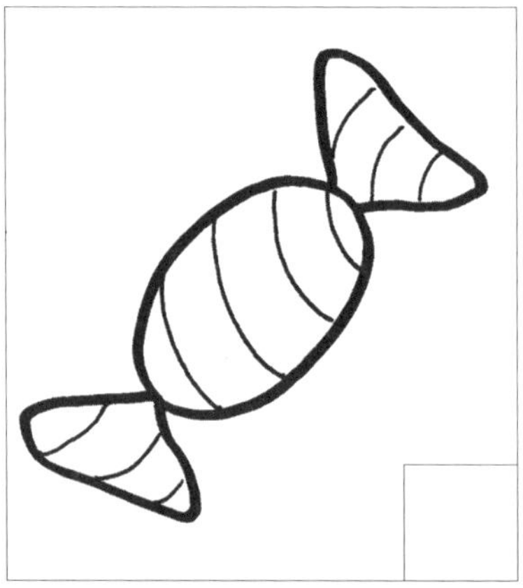

Schneide die Bilder aus Bastelblatt 2 aus!
Klebe die Bilder auf, die ein a am Ende haben! Kreise alle a ein!

Bastelblatt 2

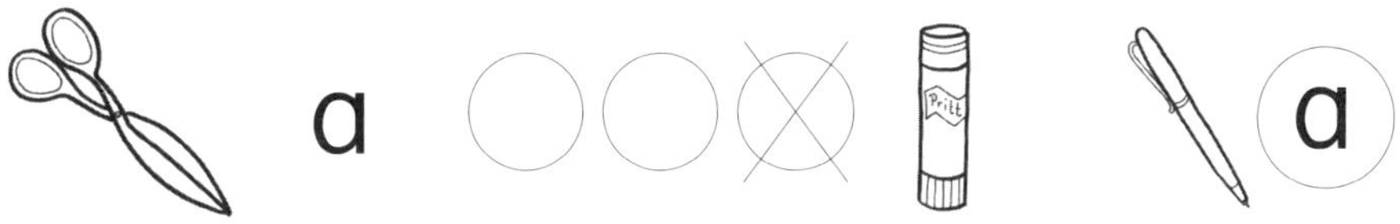

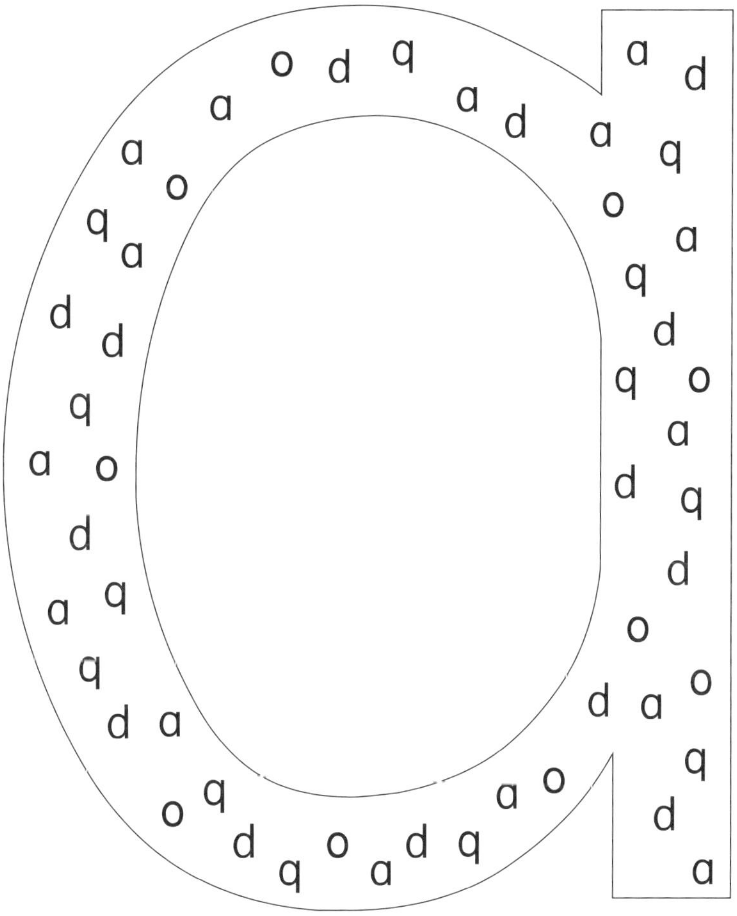

Oma, Zebra, Emu, Imo, Eskimo, Opa, Tuba, Esel, Sofa, Gorilla, Insel, Uhu

Welches Wort hat ein a in der Mitte? Kreuze an! Male Silbenboote!
(Sand, Lamm, Pfeil, Schrank, Dach, Schal, Topf, Bank, Frosch)

a 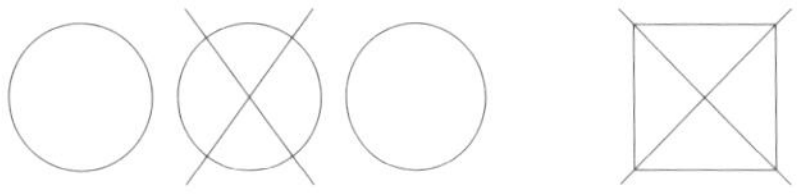

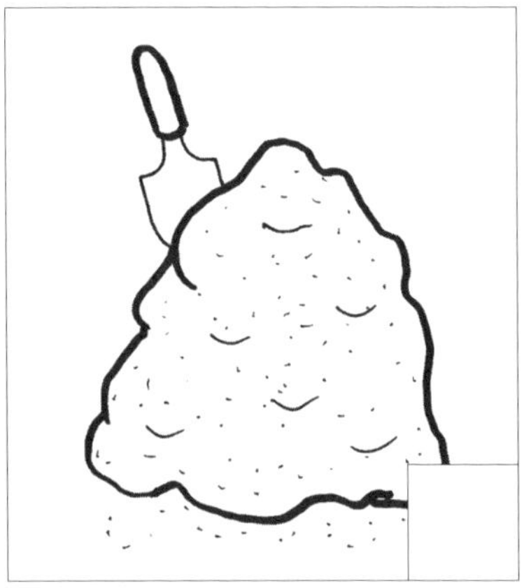

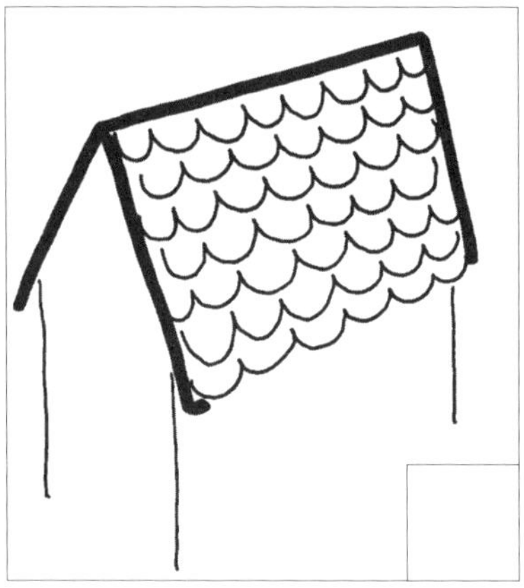
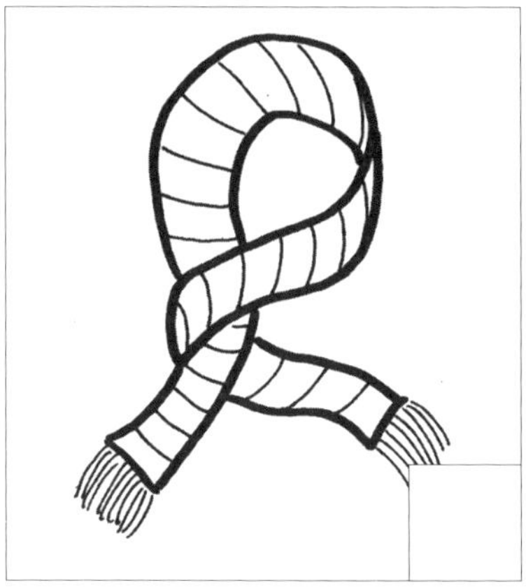

Welches Wort hat ein a in der Mitte? Kreuze an! Male Silbenboote!
(Schal, Tisch, Schaf, Glas, Lamm, Dach, Buch, Sand, Hals)

a

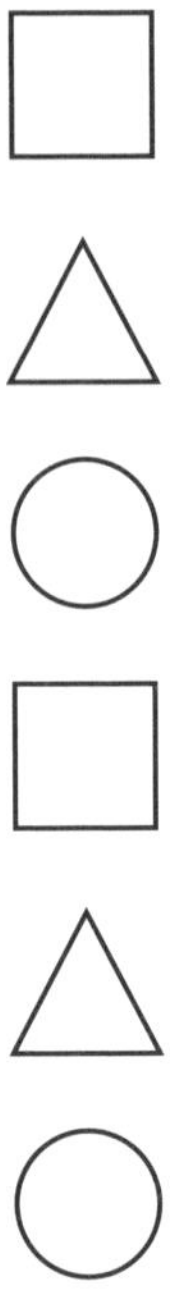

Welches Wort hat ein a in der Mitte? Kreuze an! Male Silbenboote!
(Zahn, Hals, Frosch, Brett, Sand, Schal, Fuß, Lamm, Tuch)

a 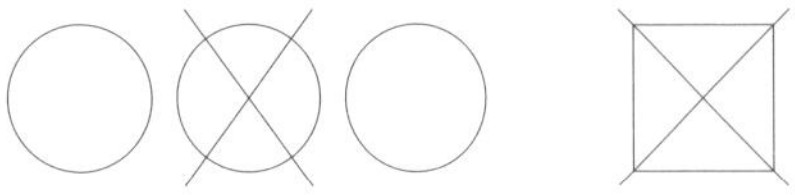

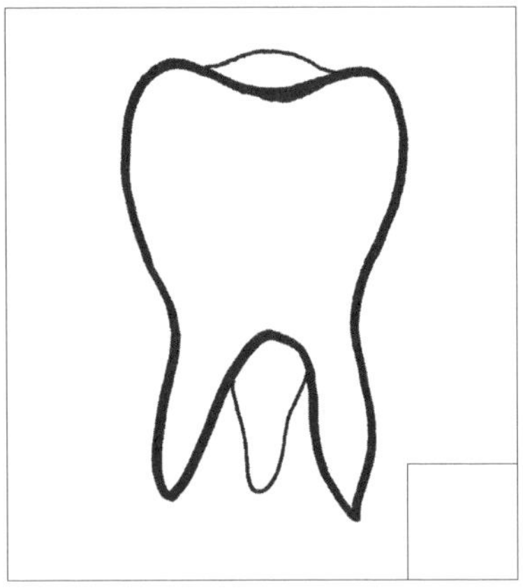

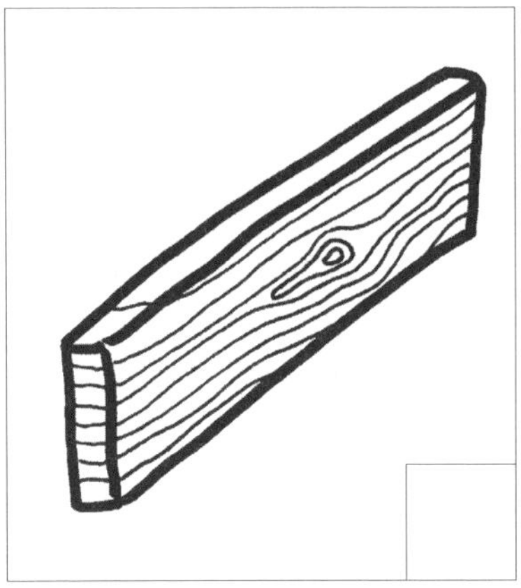
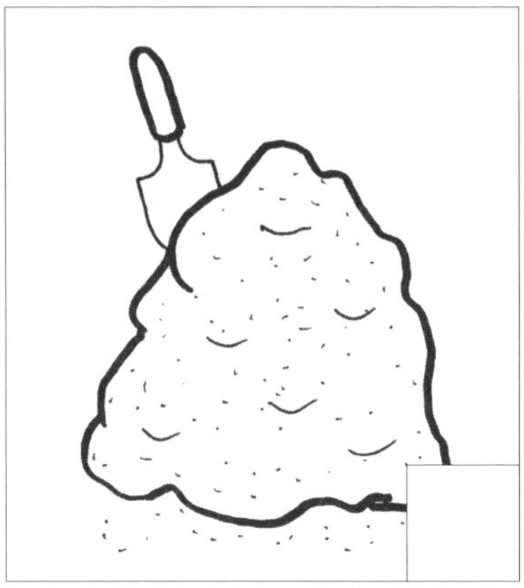
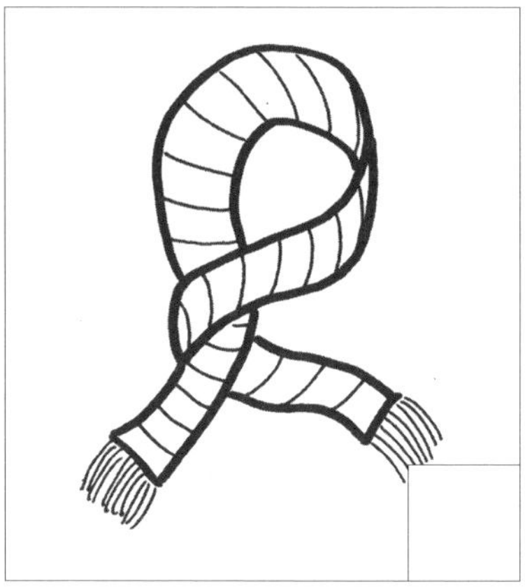

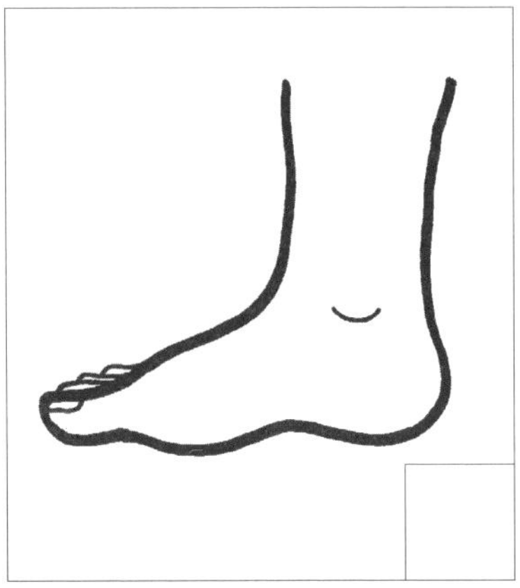

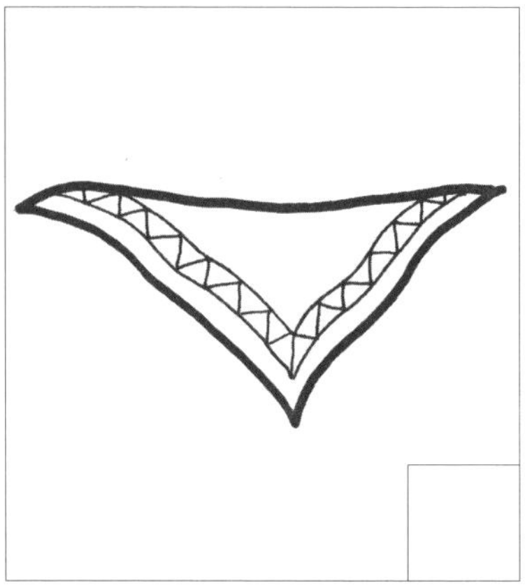

Schneide die Bilder aus Bastelblatt 3 aus!
Klebe die Bilder auf, die ein a in der Mitte haben! Kreise alle a ein!

Bastelblatt 3  a ○ ⊗ ○   ⓐ

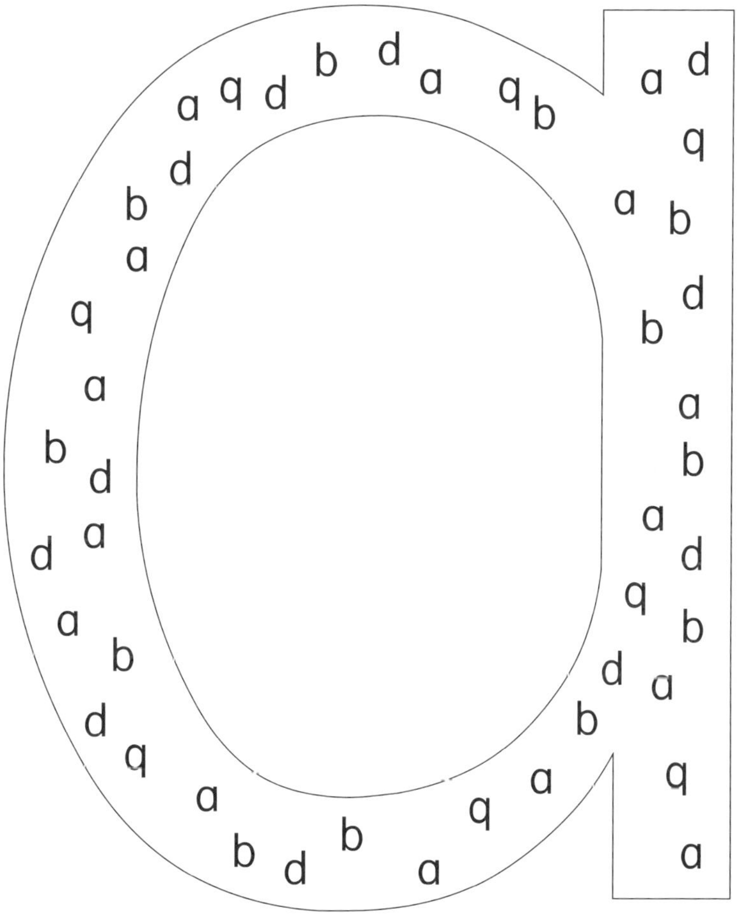

Hahn, Brett, Fuß, Schaf, Schal, Dach, Topf, Stuhl, Tuch, Frosch, Zahn, Bank

Wo sprichst du ein a? Am Anfang? In der Mitte? Am Ende? Kreuze an!
(Schal, Arm, Zebra, Gorilla, Sofa, Tomate, Aquarium, Ast, Schrank)

A a

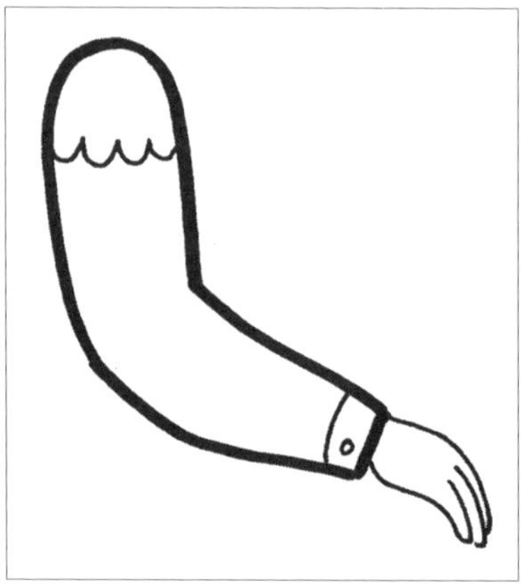

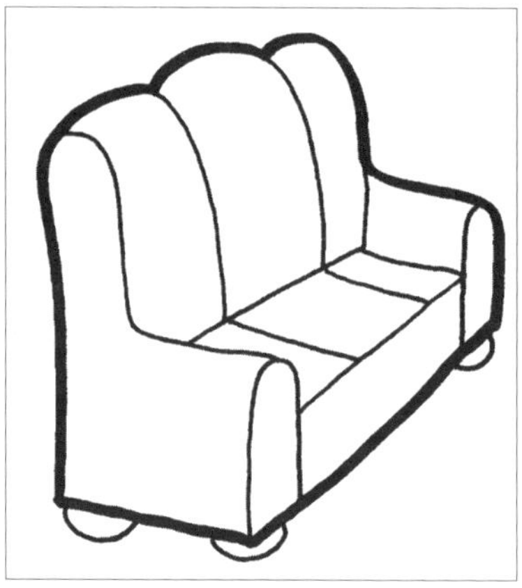

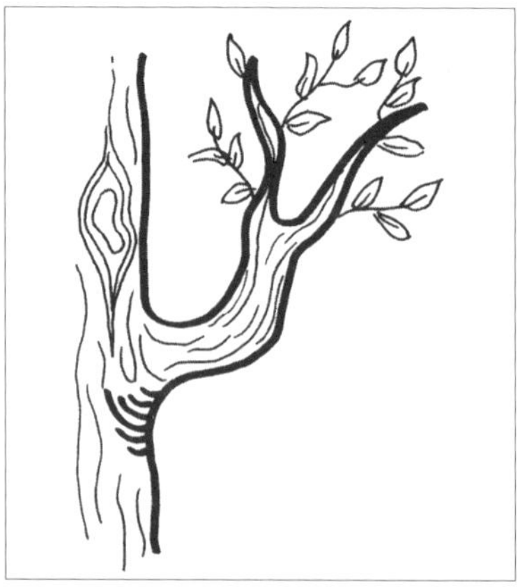

Wo sprichst du ein a? Am Anfang? In der Mitte? Am Ende? Kreuze an!
(Adler, Mofa, Hals, Glas, Anlegestelle, Lama, Schokolade, Tuba, Luftballon)

A a

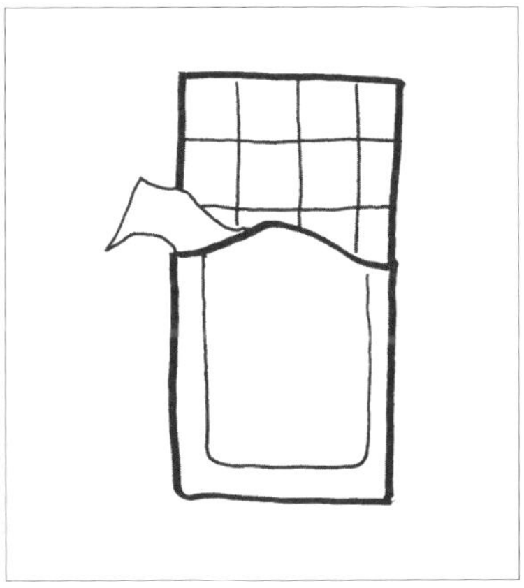

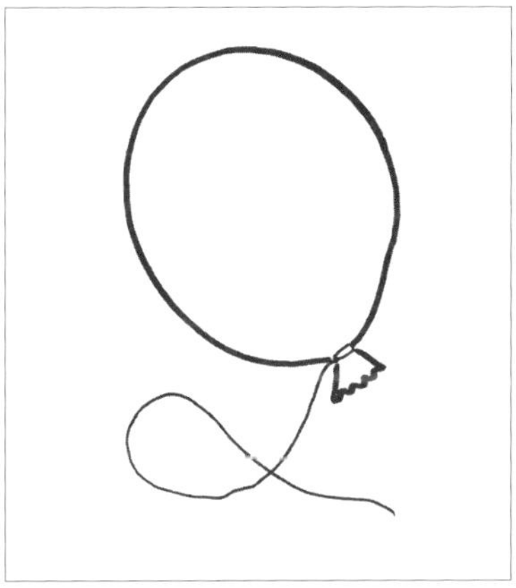

Welches Bild gehört zu welchen Silbenbooten? Verbinde!
(Ananas, Tomate, Schal, Ast, Sofa, Gorilla)

a a

a

A a a

a

A

a

a

Welches Wort beginnt mit O? Kreuze an! Male Silbenboote!
(Osterei, Ampel, Obst, Oma, Ast, Ohr, Antenne, Ofen, Adler)

O 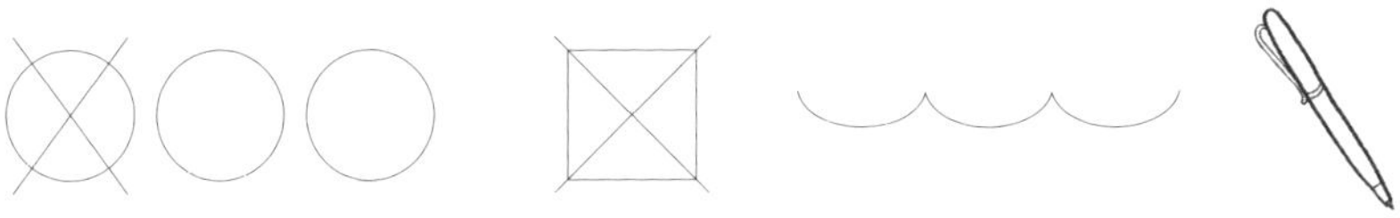 O

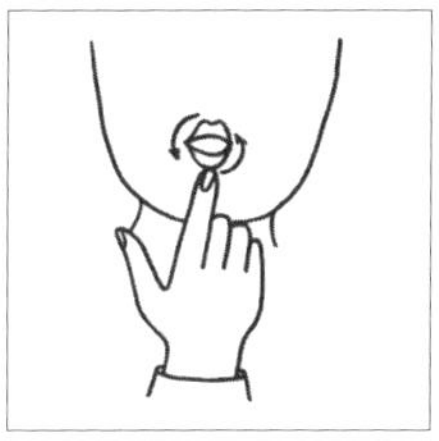

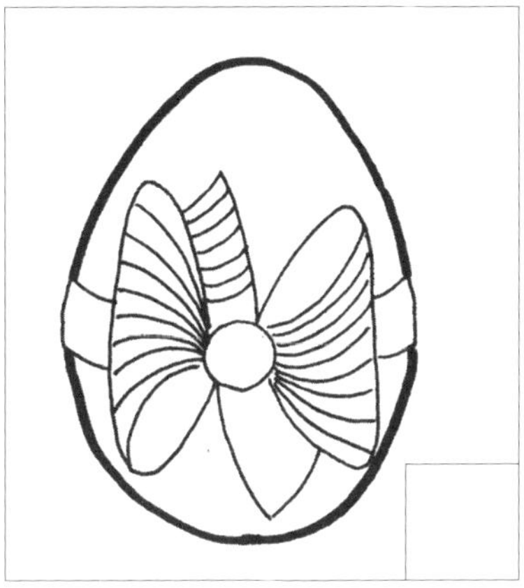
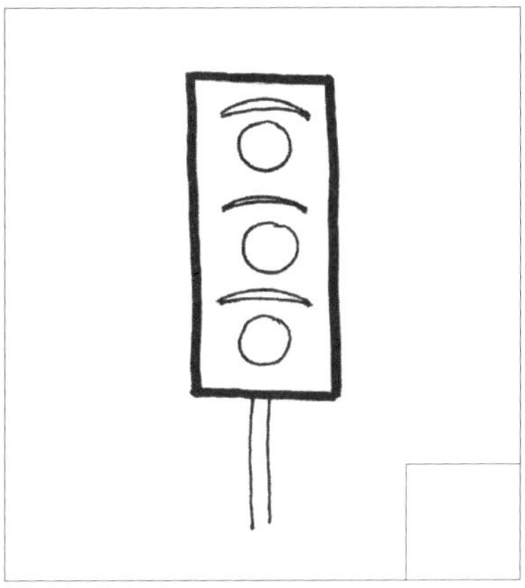

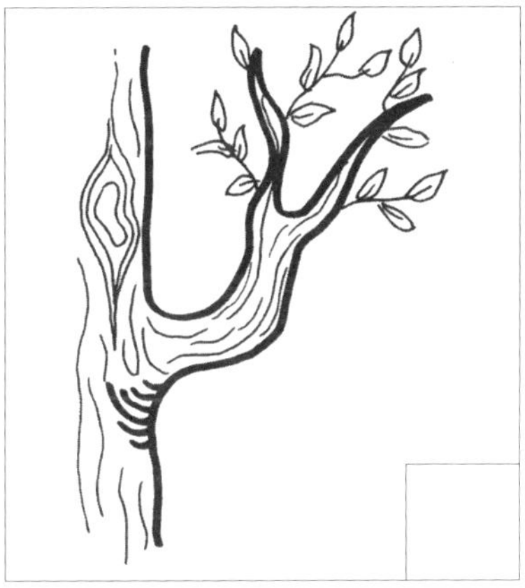
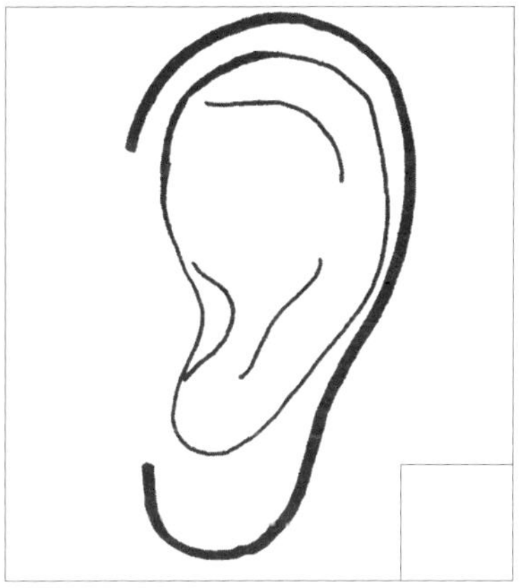

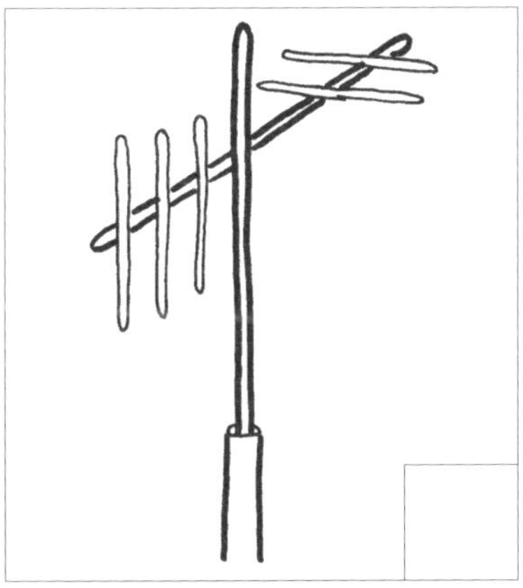

Welches Wort beginnt mit O? Kreuze an! Male Silbenboote!
(Arm, Ofen, Aquarium, Adler, Obst, Opa, Ozean, Axt, Osterei)

O 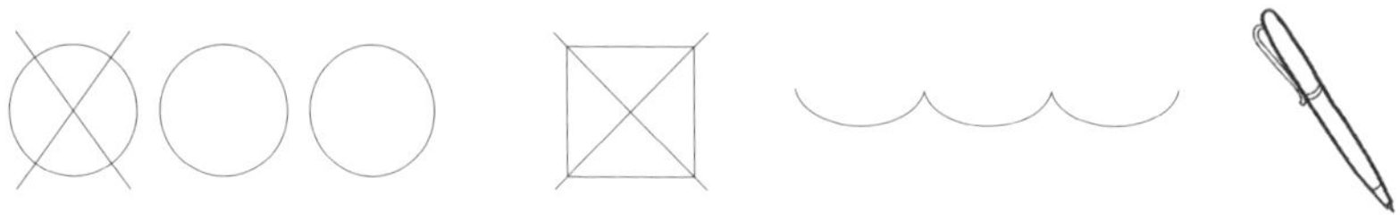 O

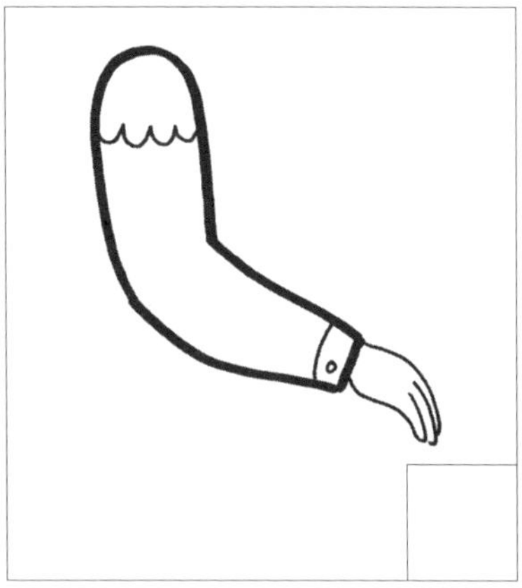

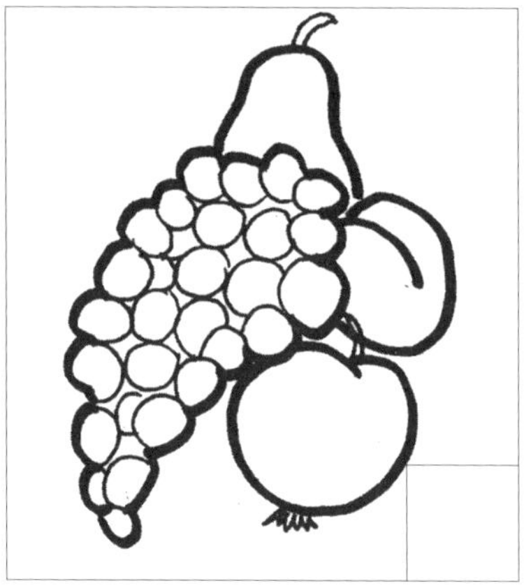

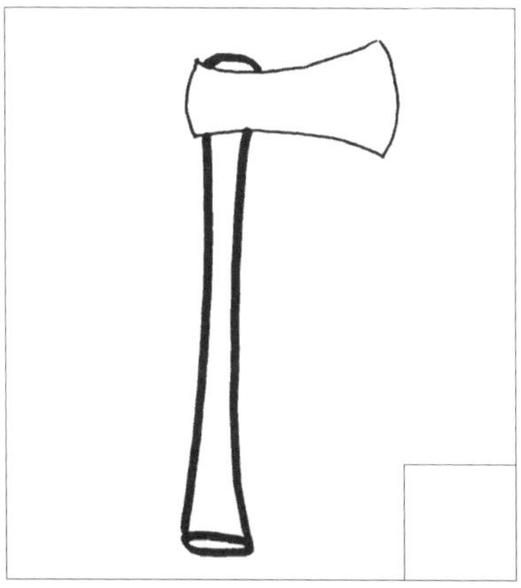
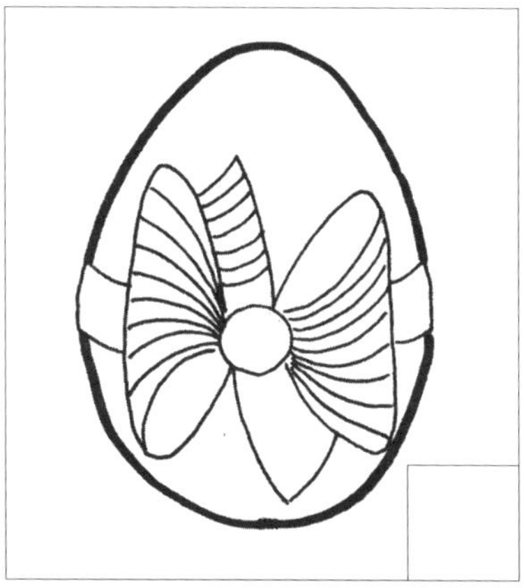

Schneide die Bilder aus Bastelblatt 4 aus!
Klebe die Bilder auf, die mit O beginnen! Kreise alle O ein!

Bastelblatt 4

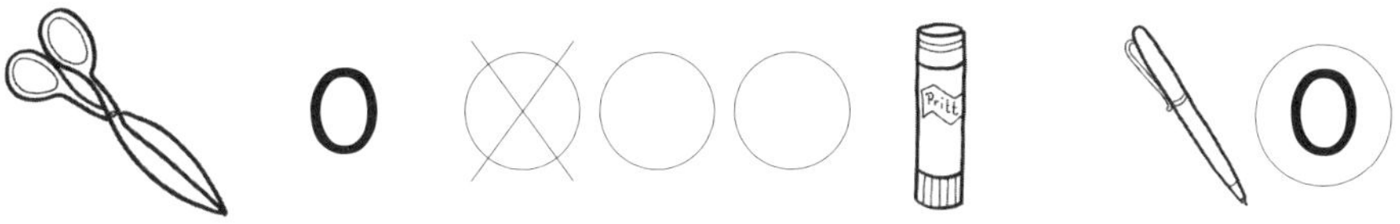

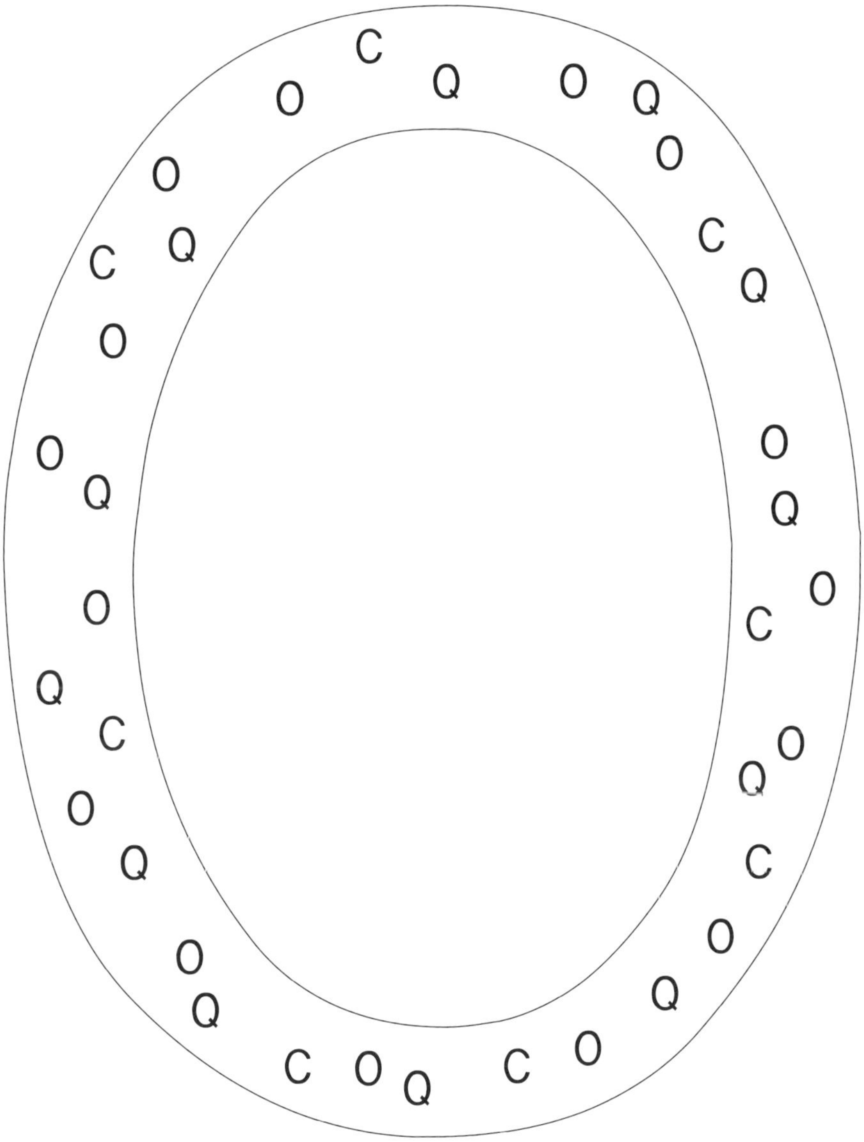

Obst, Ohr, Ozean, Aal, Axt, Opa, Ananas, Abfall, Osterei, Anker, Oma, Adler

Welches Wort gehört nicht in die Reihe? Streiche es durch!
(Osterei, Obst, Ast, Opa, Affe, Orgel, Ordner, Orden, Ozean, Adler, Ofen, Oma)

O

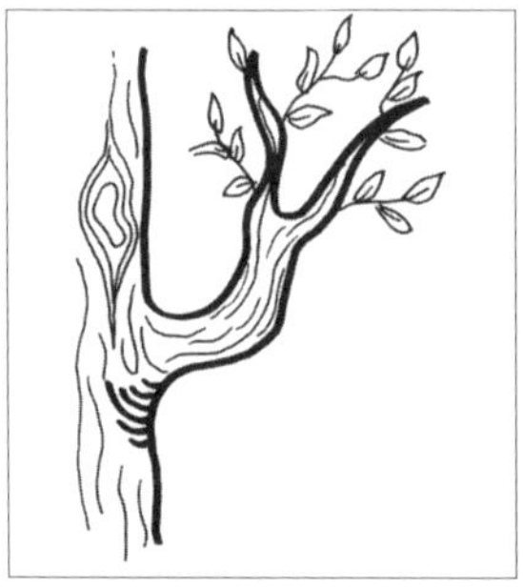

Welches Wort hat ein o am Ende? Kreuze an! Male Silbenboote!
(Auto, Zebra, Lama, Eskimo, Mofa, Euro, Tuba, Limo, Radio)

o 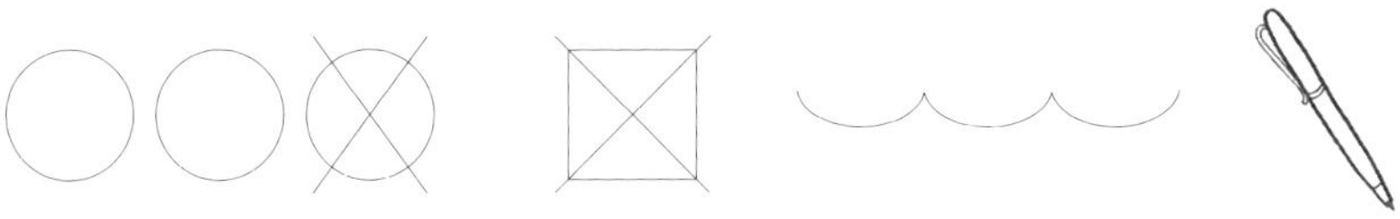 o

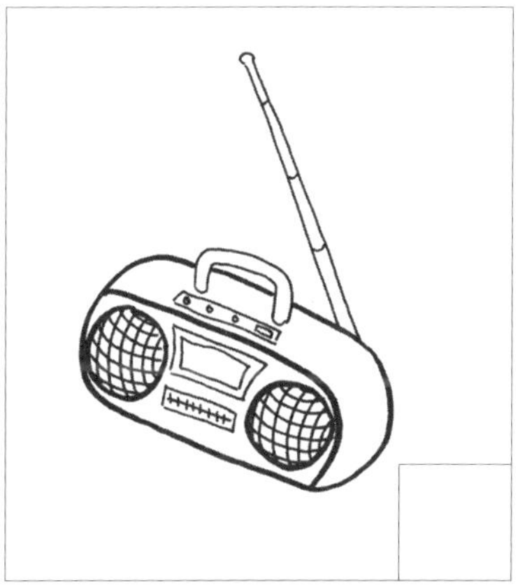

Welches Wort hat ein o am Ende? Kreuze an! Male Silbenboote!
(Eskimo, Tuba, Euro, Radio, Limo, Zebra, Sofa, Lama, Auto)

o 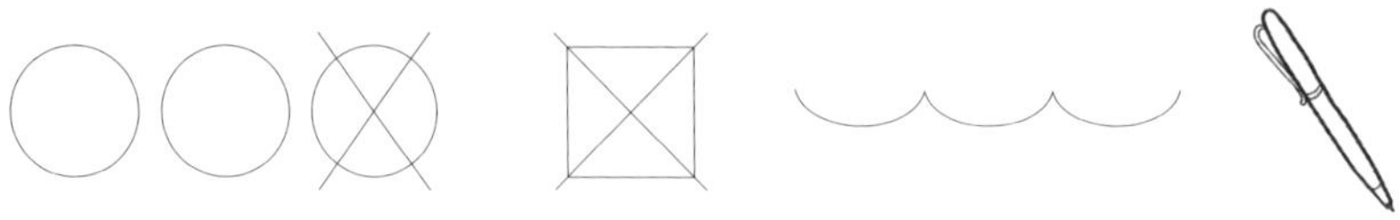 o

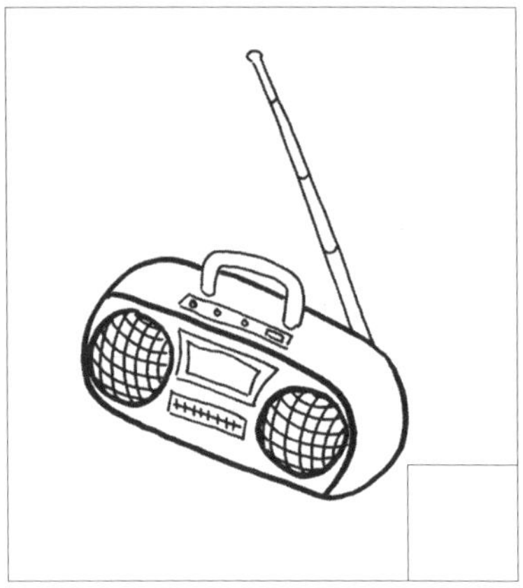

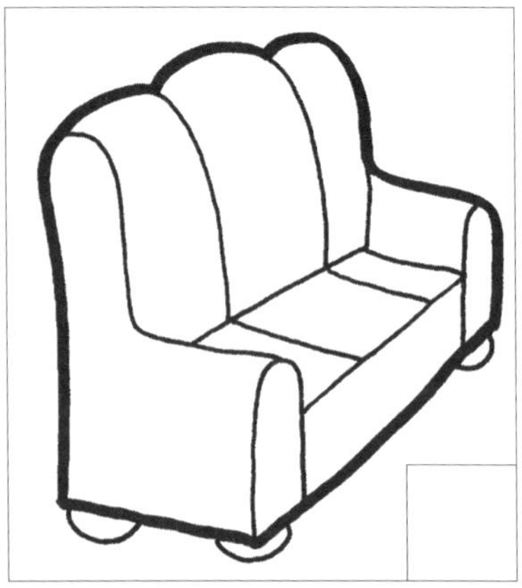

Welches Wort hat ein o am Ende?
Kreuze das Bild an! Male Silbenboote unter die Bilder!

Bastelblatt 5

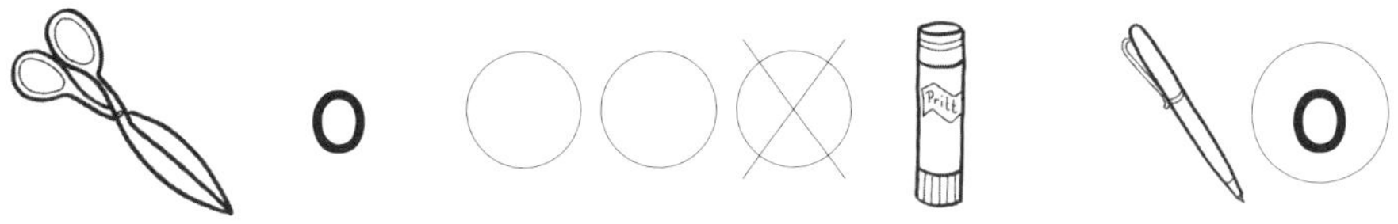

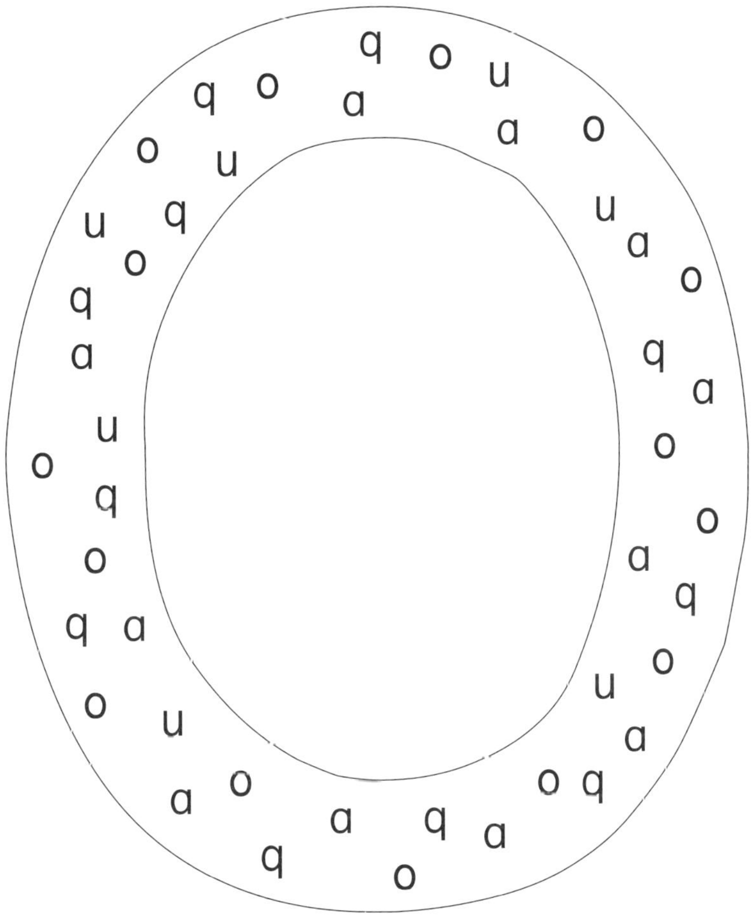

Auto, Tuba, Ufo, Imo, Zebra, Mofa, Limo, Radio, Euro, Sofa, Eskimo, Lama

Welches Wort hat ein o in der Mitte? Kreuze das Bild an!
(Zahn, Stock, Rock, Lamm, Frosch, Mond, Schloss, Schal, Brot)

o 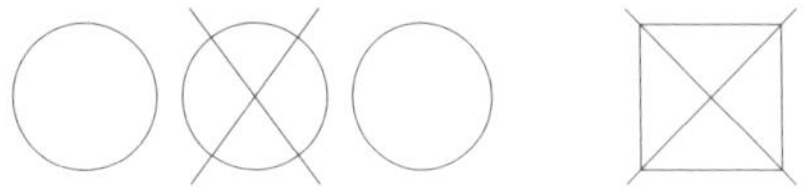

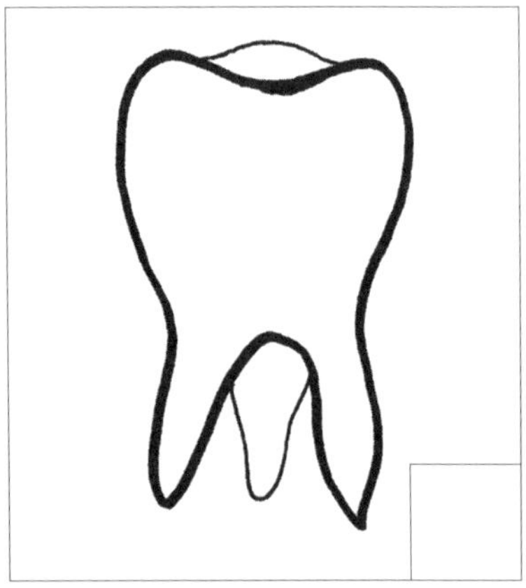
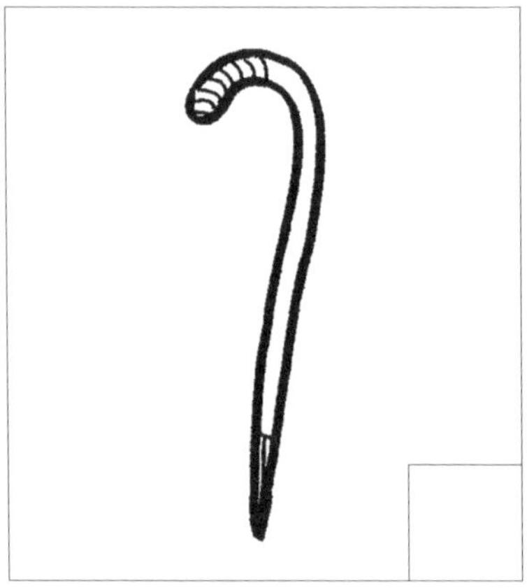

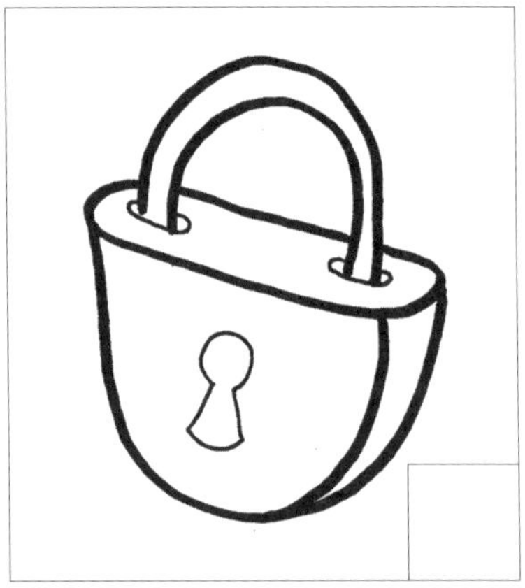
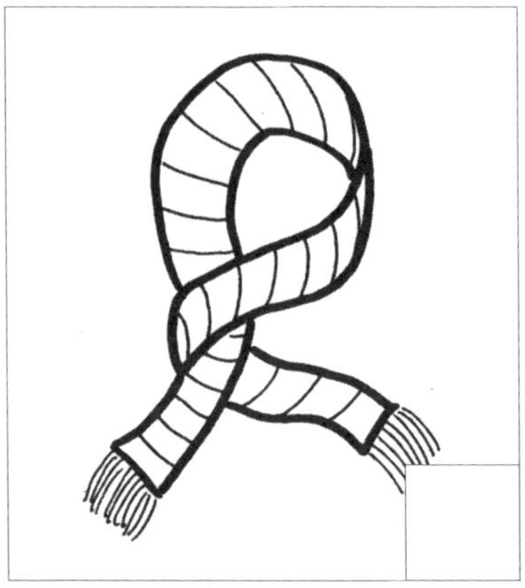
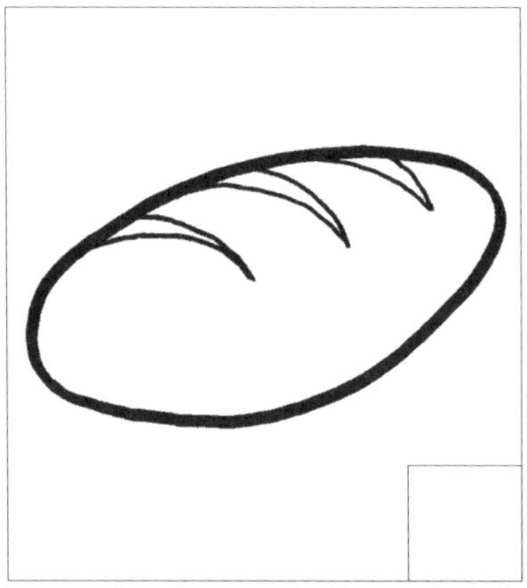

Welches Wort hat ein o in der Mitte? Kreuze das Bild an!
(Post, Dom, Sand, Knopf, Hahn, Boot, Wal, Zopf, Kopf)

o

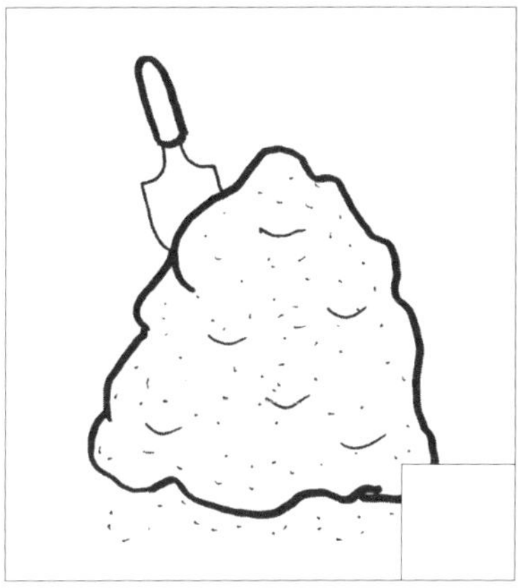

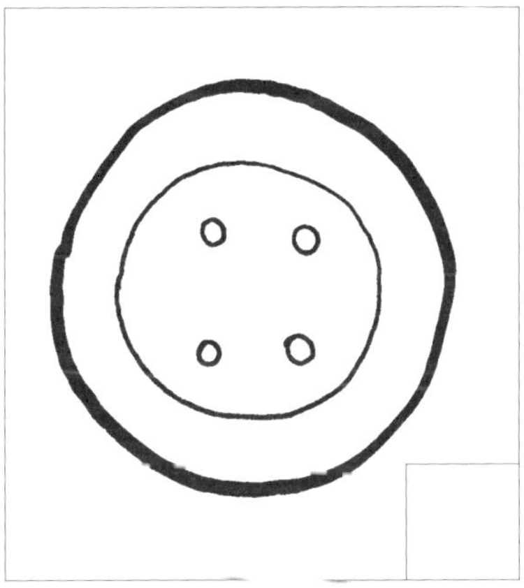

Schneide die Bilder aus Bastelblatt 6 aus!
Klebe die Bilder auf, die ein o in der Mitte haben! Kreise alle o ein!

Bastelblatt 6 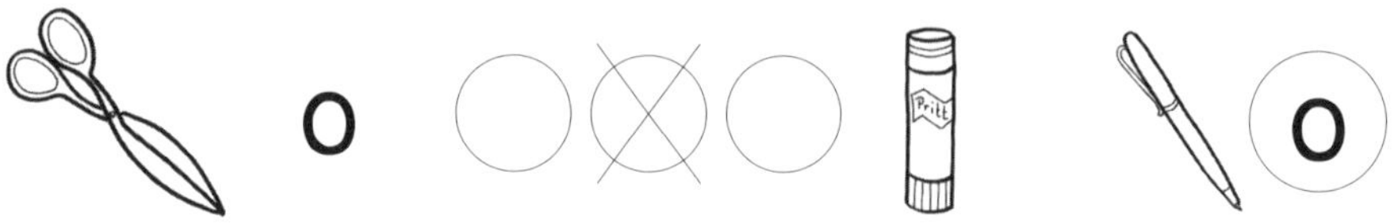

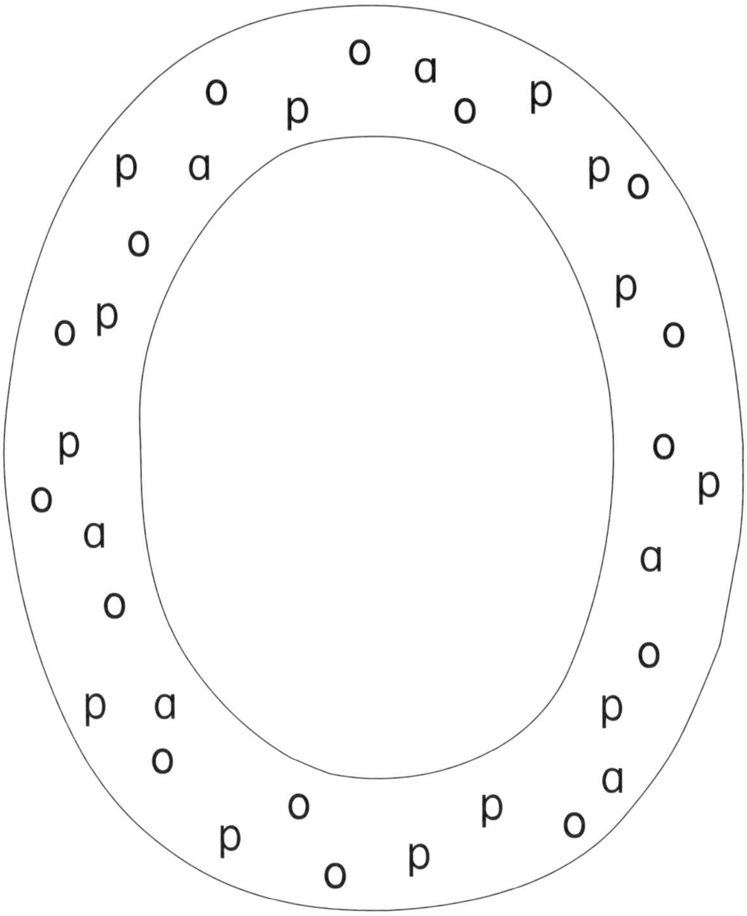

Stock, Mond, Frosch, Schal, Lamm, Kamm, Wal, Dom, Topf, Zahn, Hahn, Knopf

Wo hörst du ein o? Am Anfang? In der Mitte? Am Ende? Kreuze an!
(Ozean, Brot, Radio, Kopf, Boot, Euro, Domino, Ofen, Limo)

O o

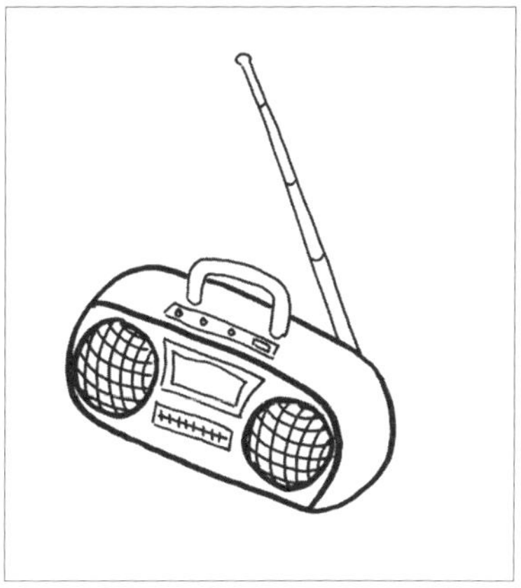

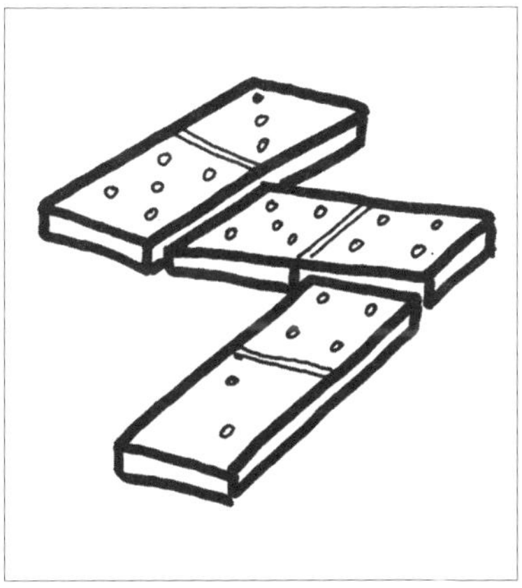

Wo sprichst du ein o? Am Anfang? In der Mitte? Am Ende? Kreuze an!
(Opa, Topf, Eskimo, Frosch, Schloss, Obst, Auto, Post, Ohr)

O o

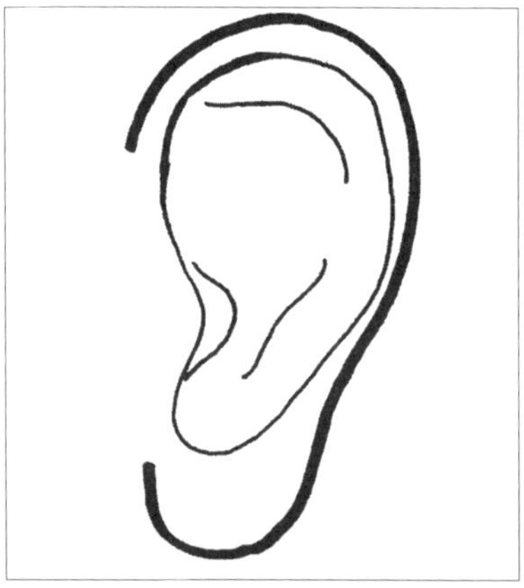

Welches Bild gehört zu welchen Silbenbooten? Verbinde!
(Oma, Rock, Obst, Ananas, Abfall, Sofa)

o a

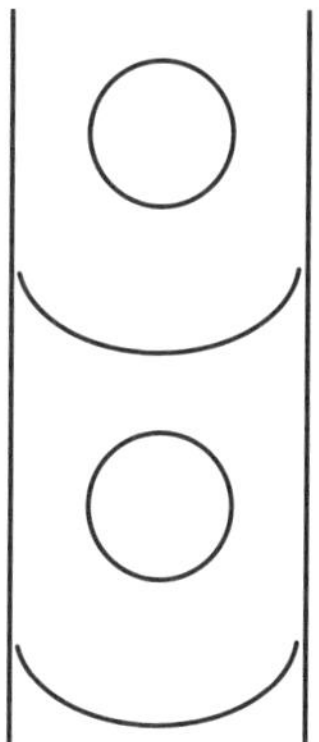

o a

O

O a

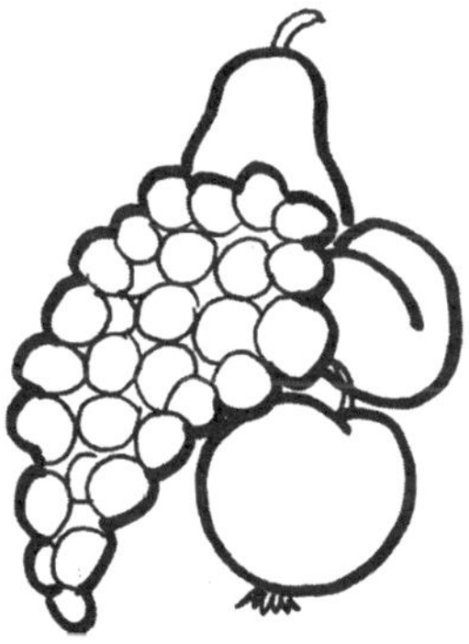

A a

o

A a a

Male Silbenboote! Schreibe das o/a in die Boote!
(Pokal, Obst, Arzt, Mofa, Dom, Papa, Ananas, Frosch, Abfall)

O a

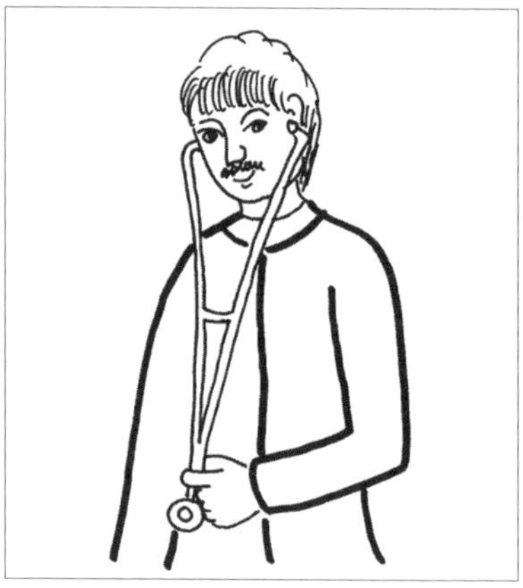

Male Silbenboote unter die Bilder! Schreibe das o/a in die Boote!
(Knopf, Pokal, Lama, Opa, Foto, Ananas, Dom, Obst, Sofa)

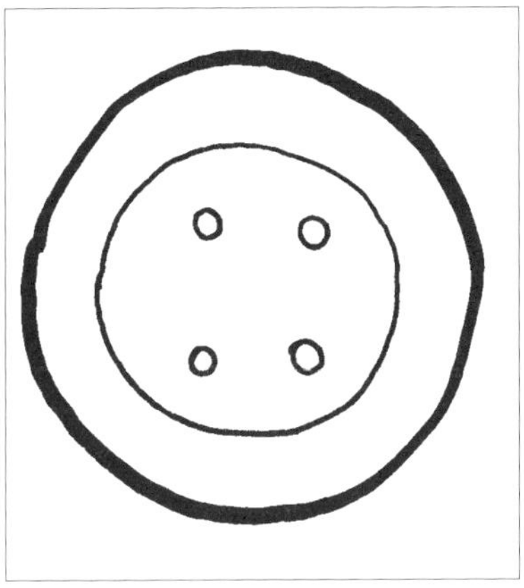

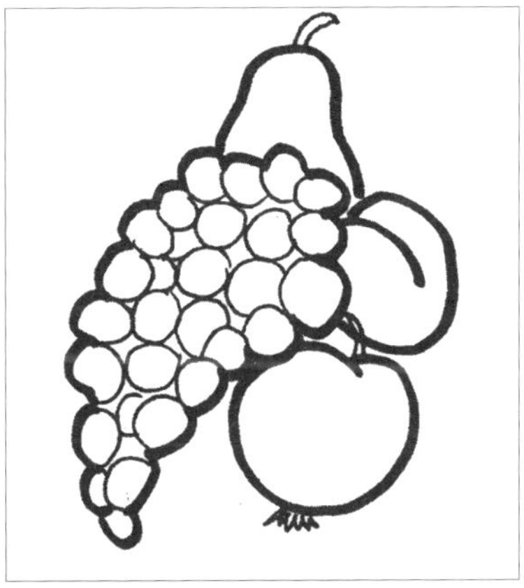
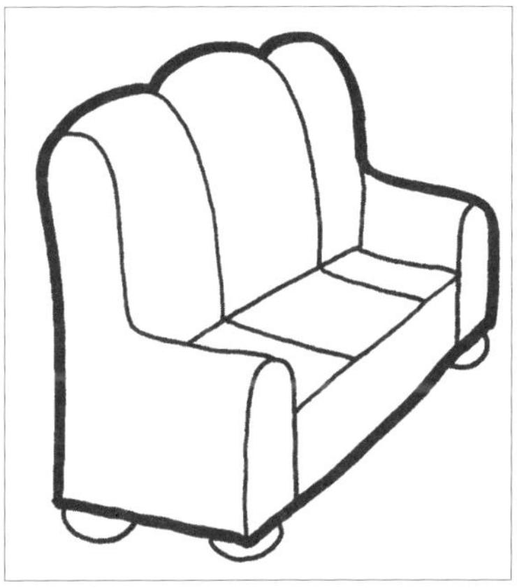

Welches Wort beginnt mit I? Kreuze an! Male Silbenboote!
(Igel, Ozean, Insekt, Instrumente, Ofen, Iglu, Obst, Insel, Antenne)

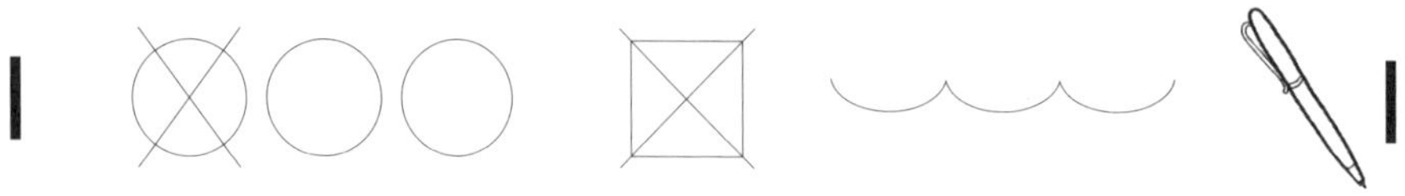

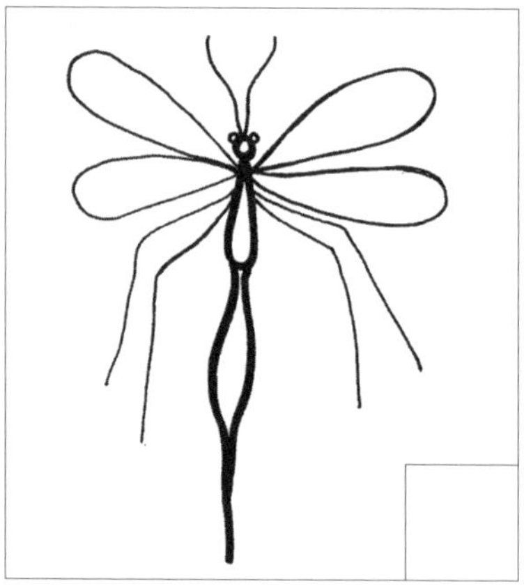

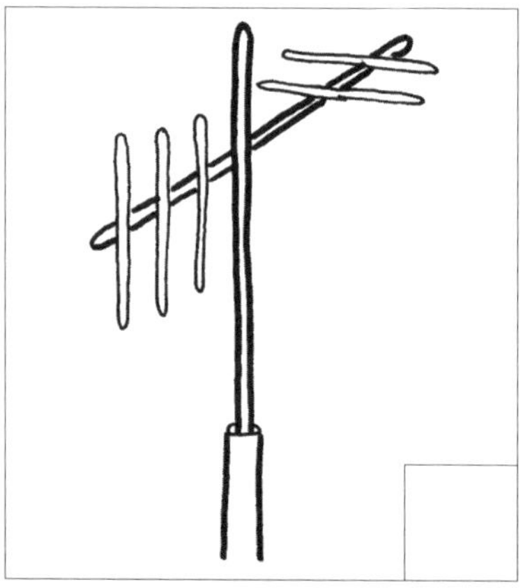

Welches Wort beginnt mit I? Kreuze an! Male Silbenboote!
(Iglu, Imker, Osterei, Aal, Igel, Insekt, Insel, Instrumente, Opa)

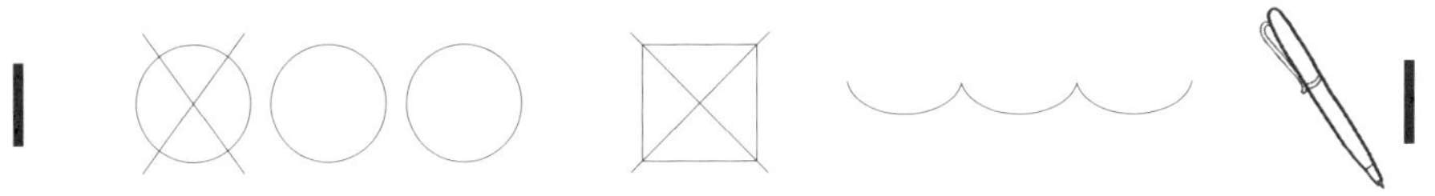

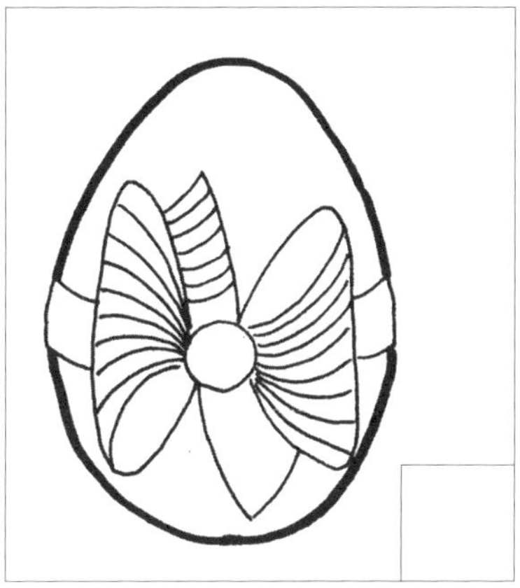

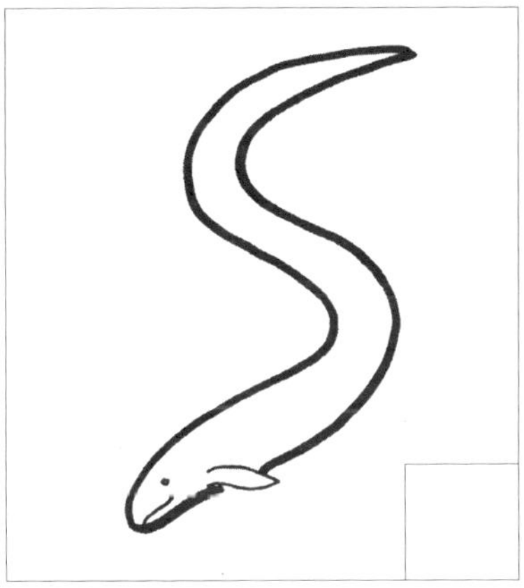

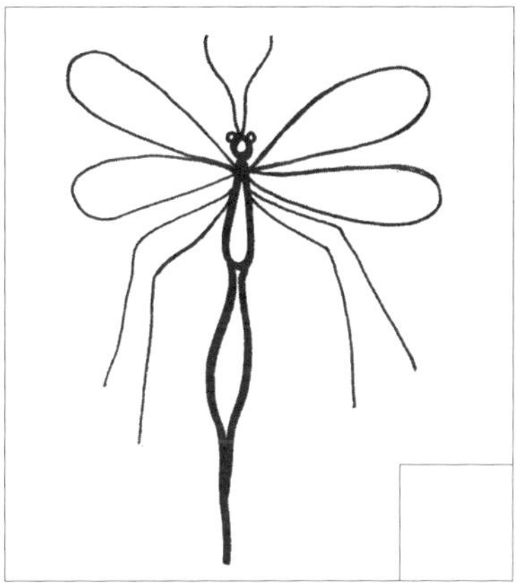

Welches Wort gehört nicht in die Reihe? Streiche es durch!
(Insekt, Imker, Affe, Insel, Instrumente, Oma, Iglu, Igel, Imker, Insekt, Insel, Anker)

I

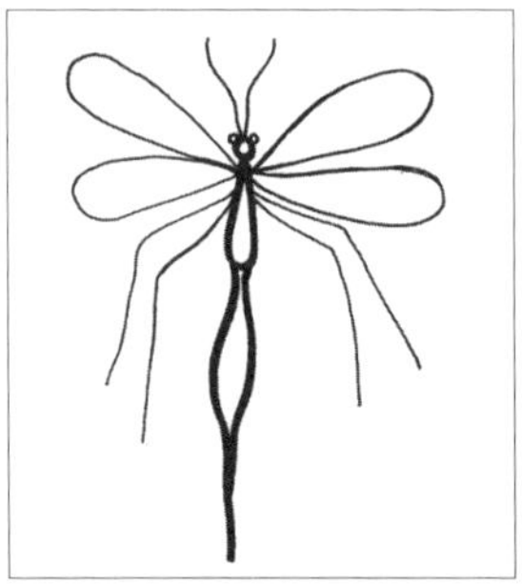

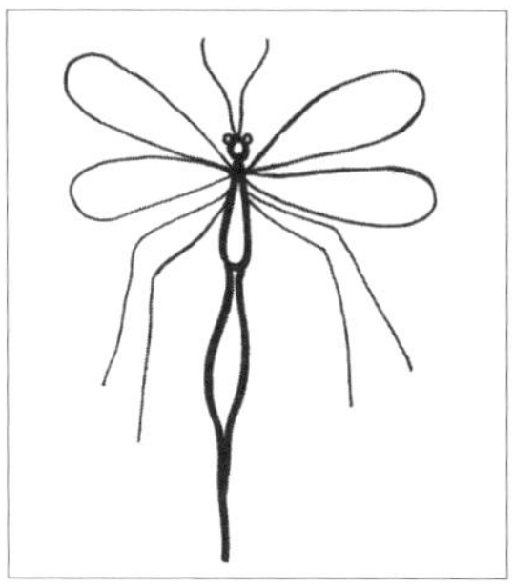

Schneide die Bilder aus Bastelblatt 7 aus!
Klebe die Bilder auf, die mit I beginnen! Kreise alle I ein!

Bastelblatt 7

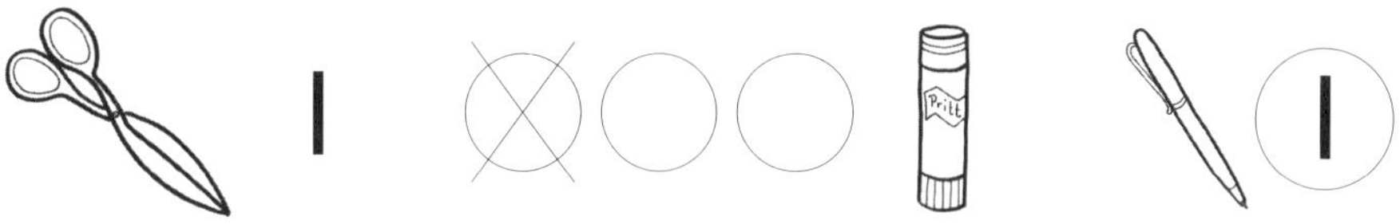

I T
I
T
L
I
I
I L
T I
I
T
L I
T
I
T I
I T
I
I
L T
I
I
T

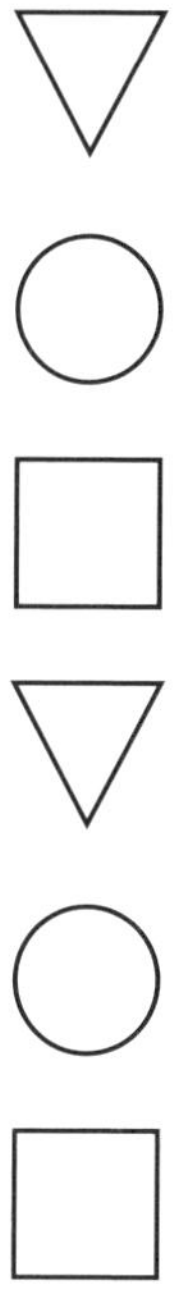

Insel, Arzt, Insekt, Opa, Adler, Igel, Apfel, Oma, Instrumente, Aal, Imker, Iglu

Welches Wort hat ein i am Ende? Kreuze an! Male Silbenboote
(Audi, Taxi, Tuba, Pulli, Euro, Salami, Zebra, Kuli, Schi)

i 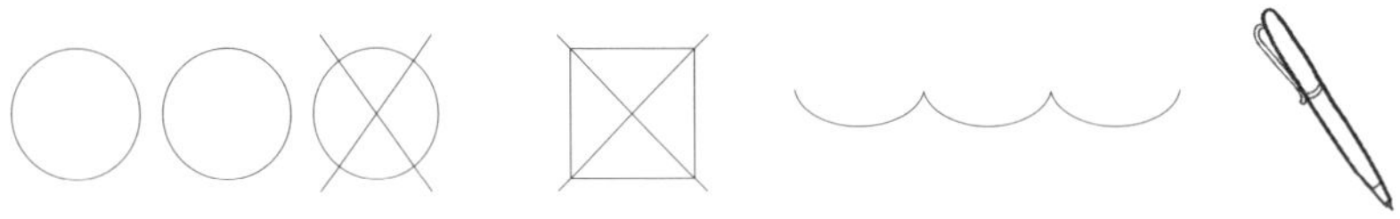 i

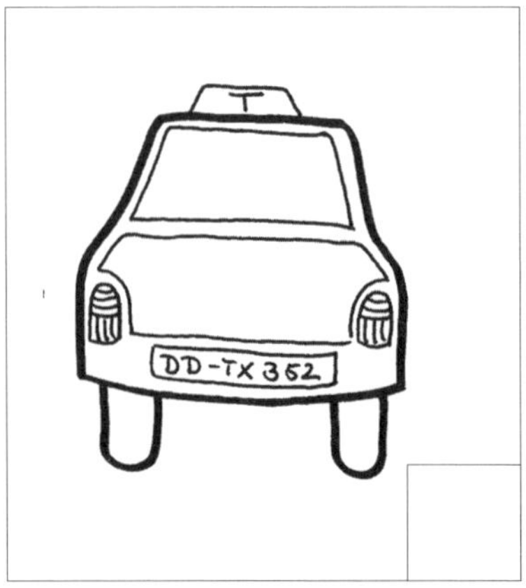

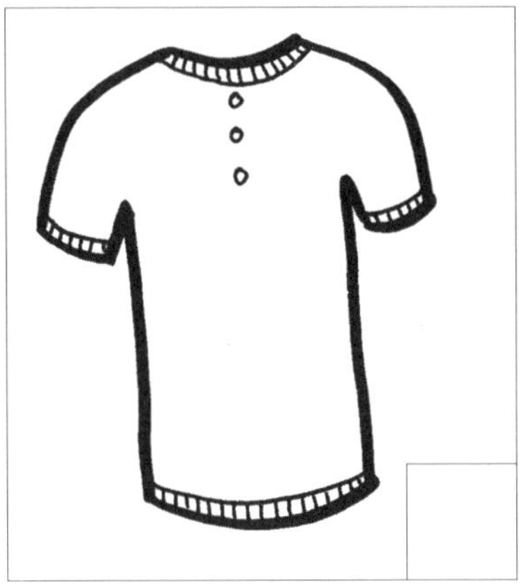

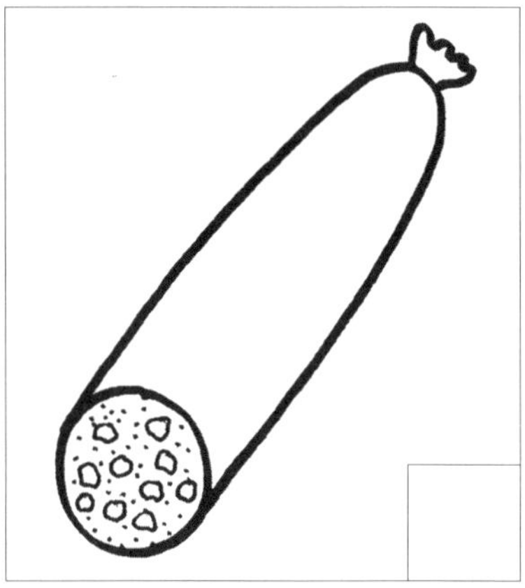

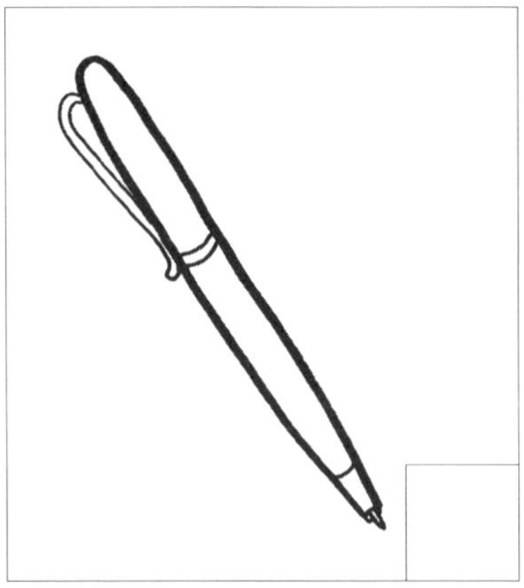

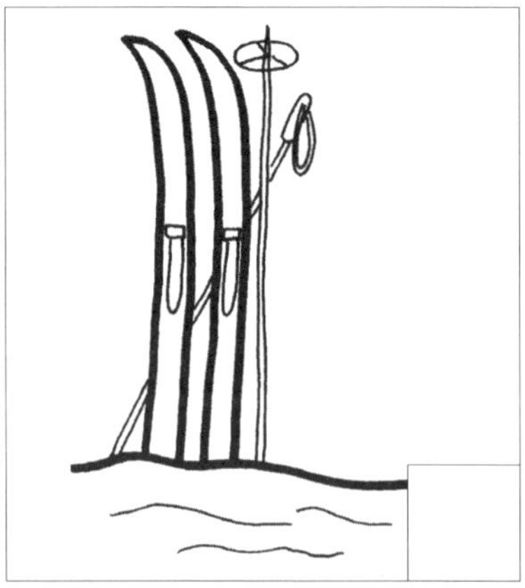

Welches Wort hat ein i am Ende? Kreuze an! Male Silbenboote
(Kuli, Zebra, Audi, Safari, Foto, Schi, Mofa, Salami, Taxi)

i 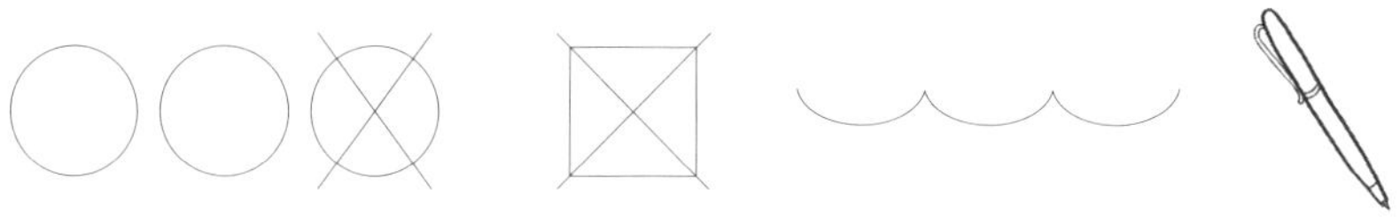 i

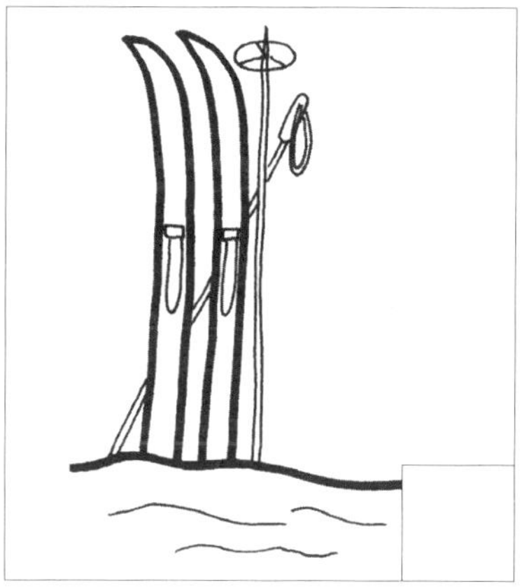

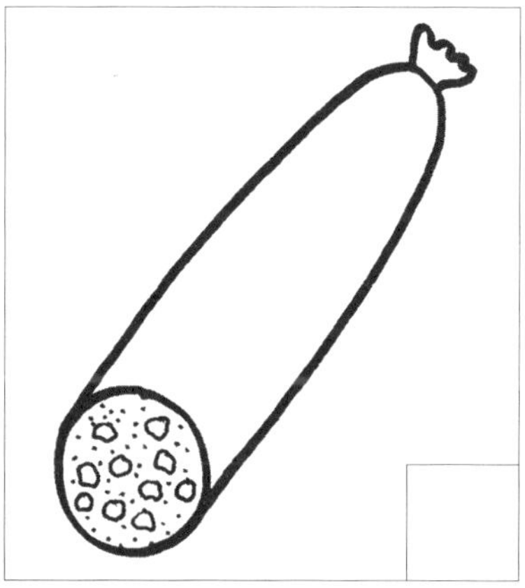

Schneide die Bilder aus Bastelblatt 8 aus!
Klebe die Bilder auf, die ein i am Ende haben! Kreise alle i ein!

Bastelblatt 8  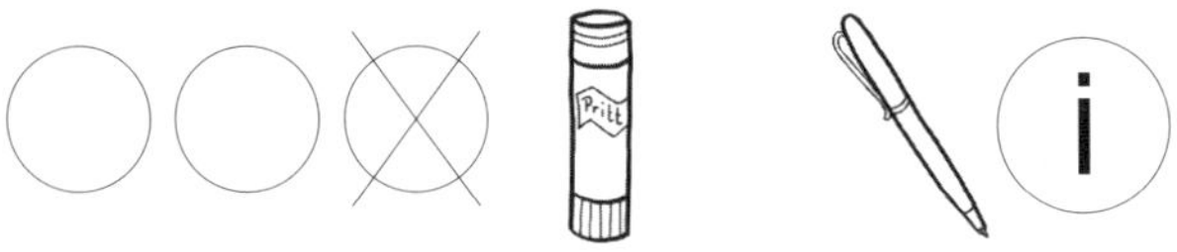

i j
j i

i j i
i
i
i i j
j
i
i
j
i
j
i
i
j
i i

Opa, Taxi, Euro, Zebra, Mofa, Audi, Salami, Auto, Schi, Kuli, Sofa, Pulli

Welches Wort hat ein i in der Mitte? Kreuze an!
(Pilz, Tisch, Brot, Fisch, Dom, Ring Schirm, Film, Lamm)

i 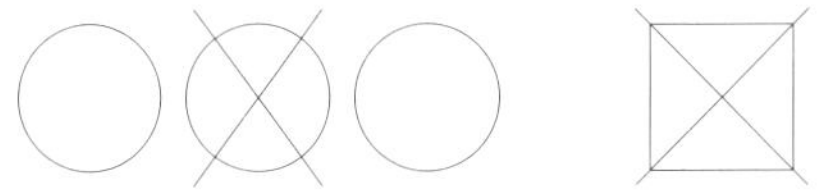

 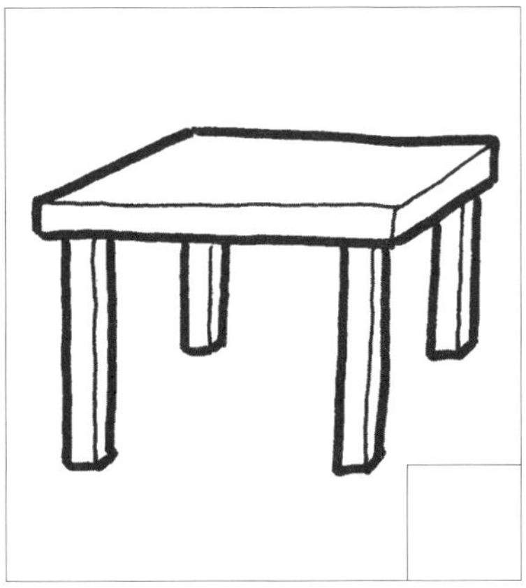 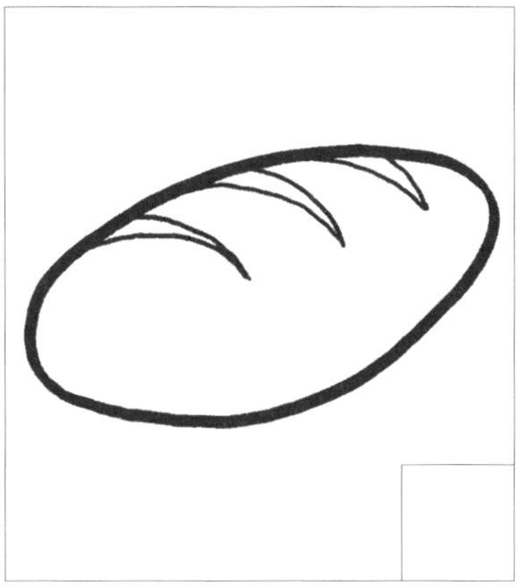

  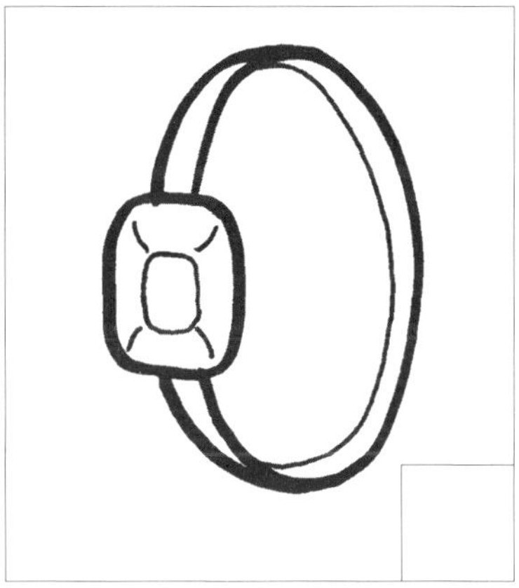

 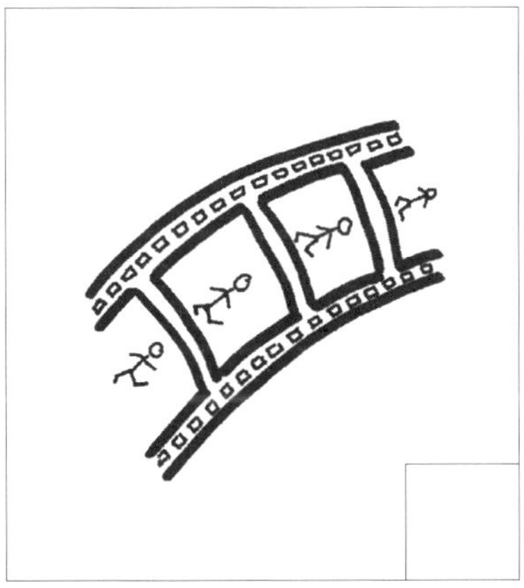 

Welches Wort hat ein i in der Mitte? Kreuze an!
(Glas, Schirm, Sieb, Hirsch, Bank, Fisch, Schild, Ring, Frosch)

i 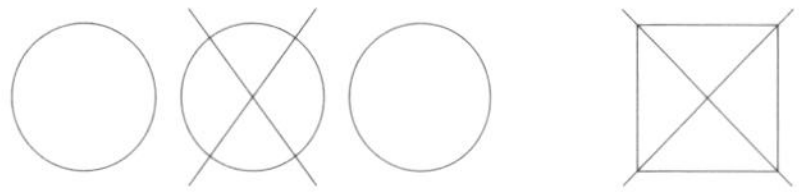

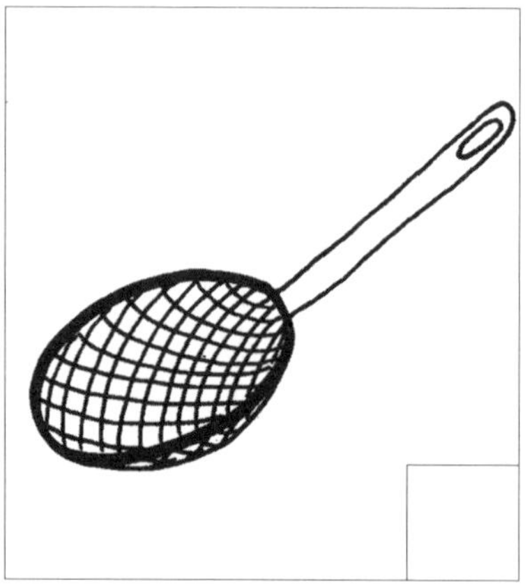

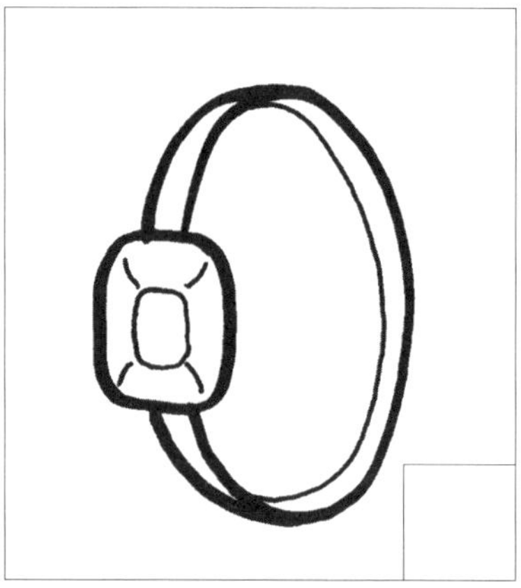

Schneide die Bilder aus Bastelblatt 9 aus!
Klebe die Bilder auf, die ein i in der Mitte haben! Kreise alle i ein!

Bastelblatt 9

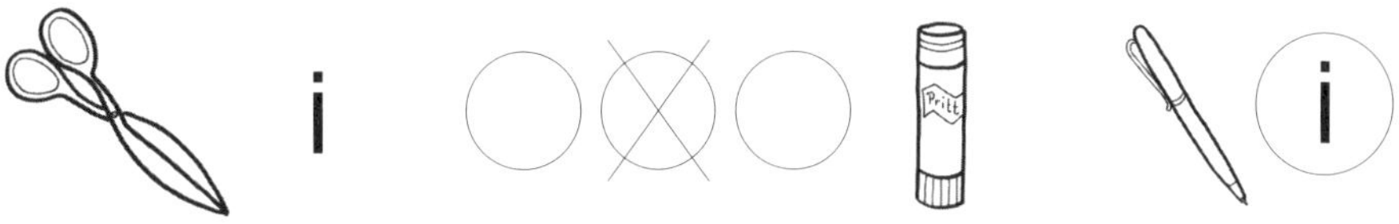

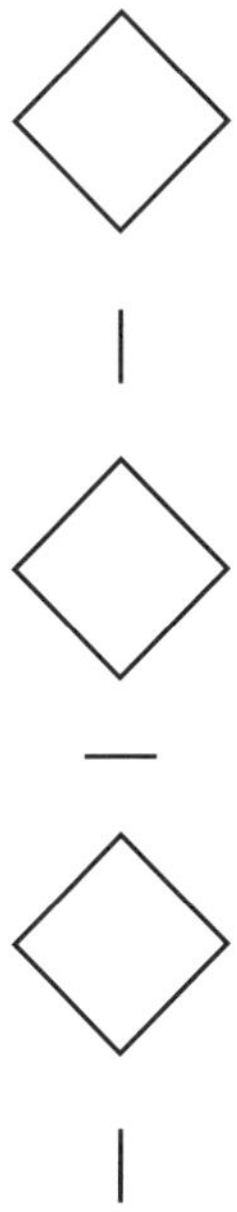

i l
l i

i i i l
l i
i i l
l i
l
i i
l i
i l
i l i

Hirsch, Zopf, Stock, Dach, Schirm, Schaf, Film, RIng, Tisch, Fisch, Zahn, Schild

Wo sprichst du ein i? Am Anfang? In der Mitte? Am Ende? Kreuze an!
(Iglu, Schild, Salami, Insel, Radio, Audi, Kiwi, Indianer, Pitti)

I i

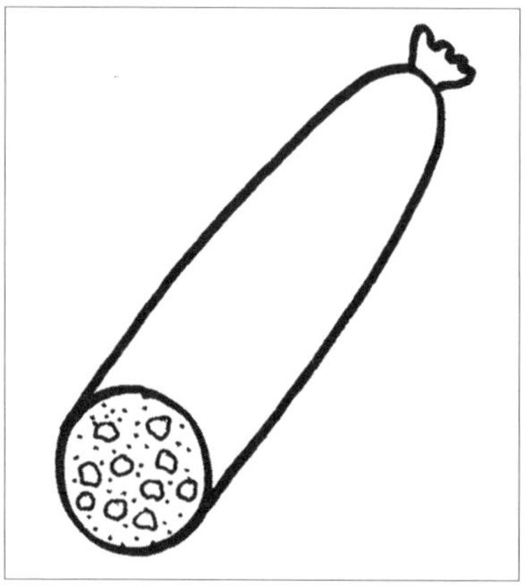

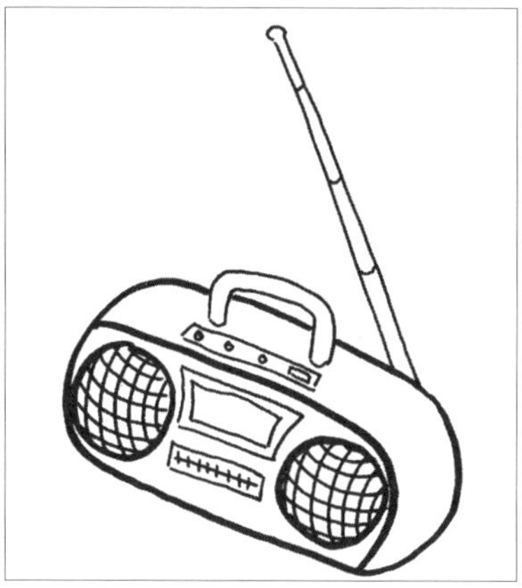

Welches Bild gehört zu welchen Silbenbooten? Verbinde!
(Domino, Salami, Paprika, Limo, Gorilla, Kiwi)

a i o

o i o

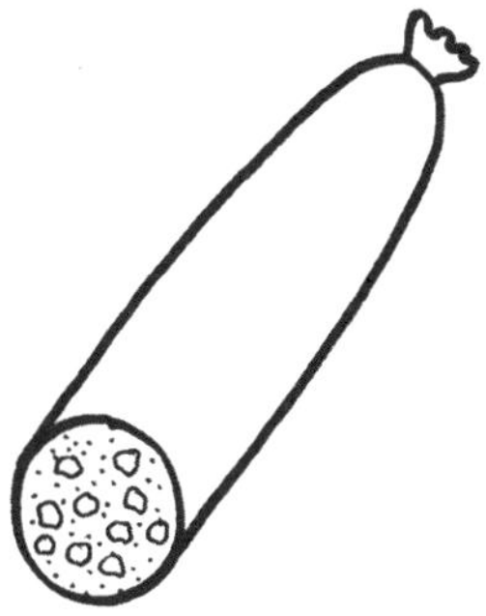

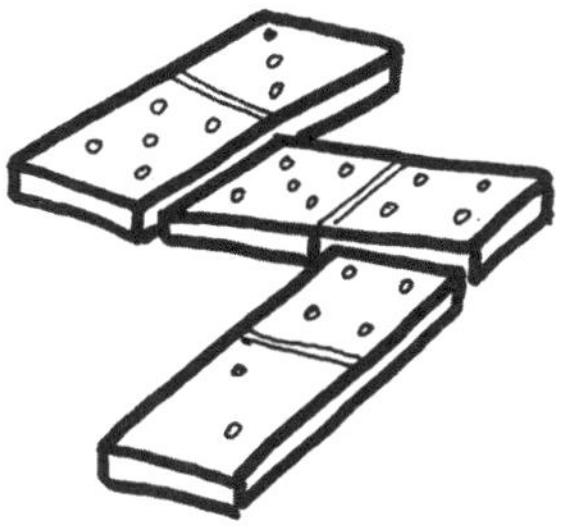

a a i

o i a

i o

i i

a i a

Welches Bild gehört zu welchen Silbenbooten? Verbinde!
(Safari, Pitti, Film, Pokal, Radio, Foto)

o i a

a i o

o o

o a

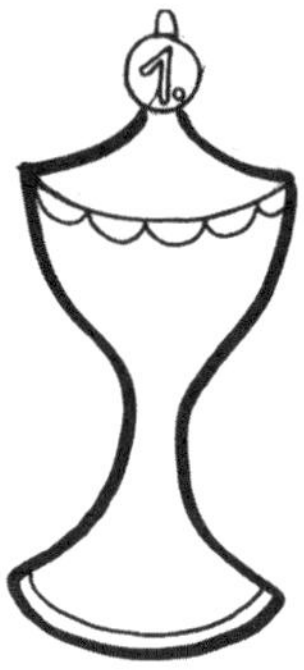

a a i

i i

i

Male Silbenboote unter die Bilder! Schreibe das a/o/i in die Boote!
(Domino, Taxi, Salami, Ring, Gorilla, Limo, Radio, Paprika, Pitti)

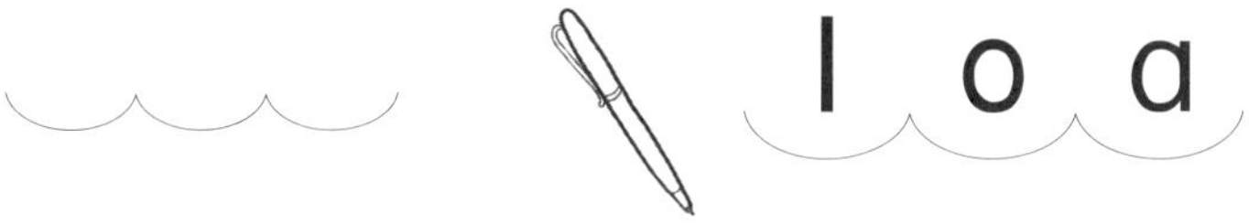

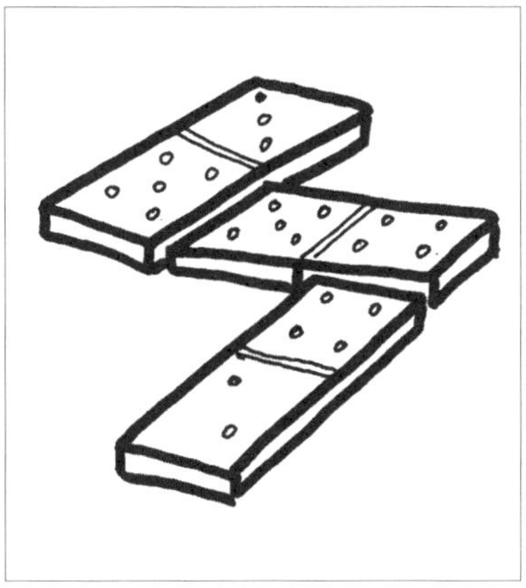

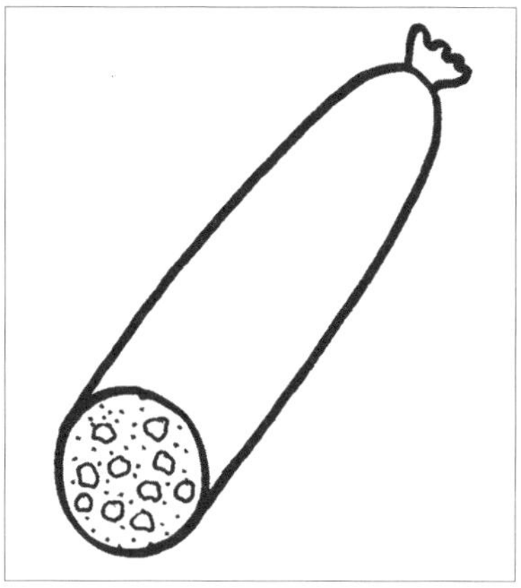

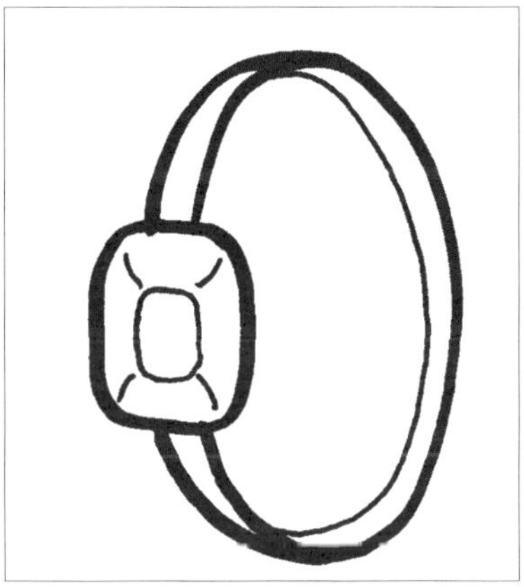

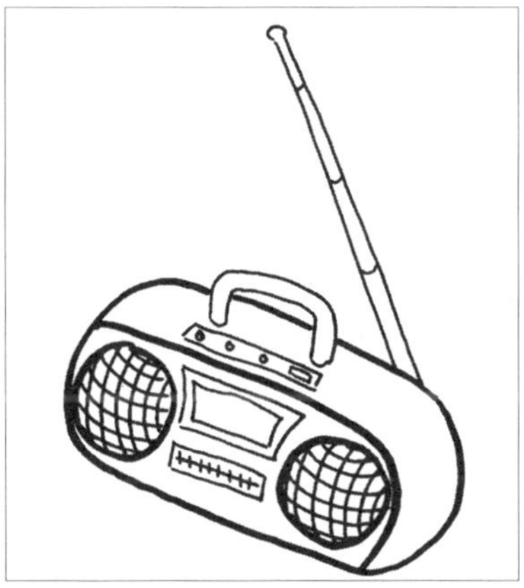

Male Silbenboote unter die Bilder! Schreibe das a/o/i in die Boote!
(Film, Mofa, Safari, Pilz, Pokal, Kiwi, Diamant, Foto, Krokodil)

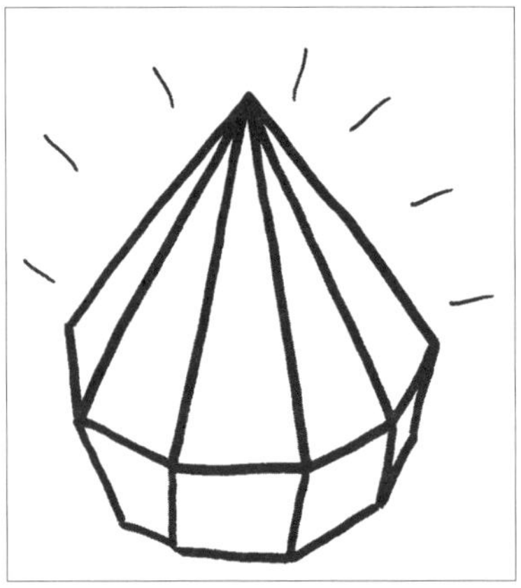

Schneide die Bilder aus Bastelblatt 10 aus und klebe sie in das richtige Kästchen! (Limo, Ananas, Safari, Oma, Dom, Radio, Foto, Kiwi, Domino)

Bastelblatt 10 

o i o

A a a

O i

i o

i i

a a i

a i o

o

o o

Welches Wort beginnt mit U? Kreuze an! Male Silbenboote!
(Urwald, Iglu, Uniform, Ufo, Uhr, Arzt, Indianer, Antenne, Umhang)

U 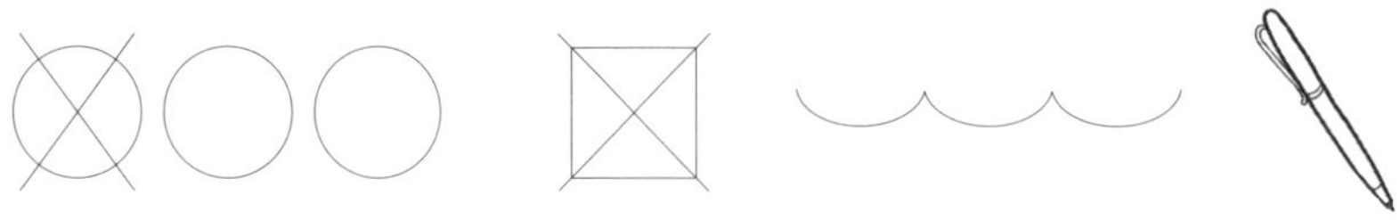 U

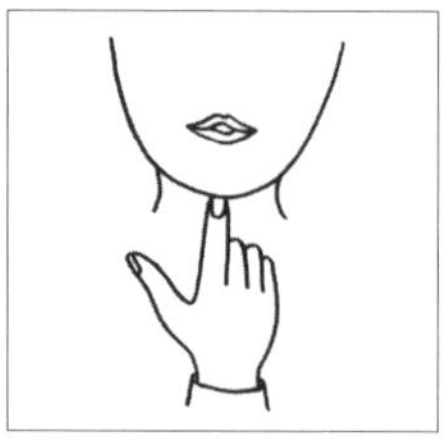

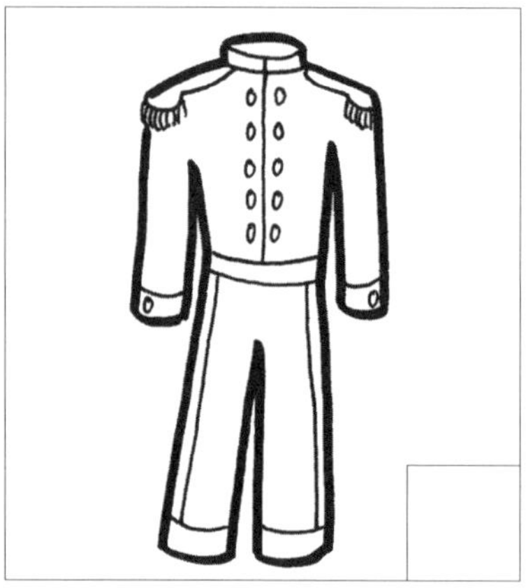

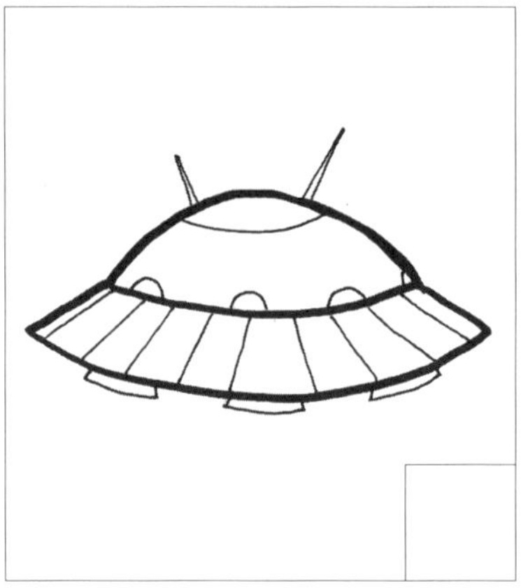

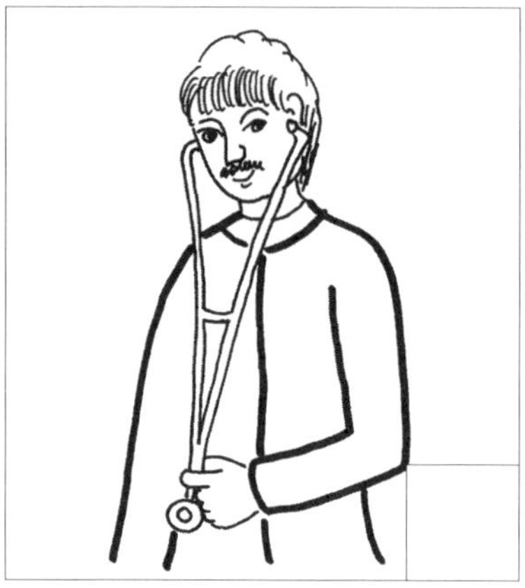

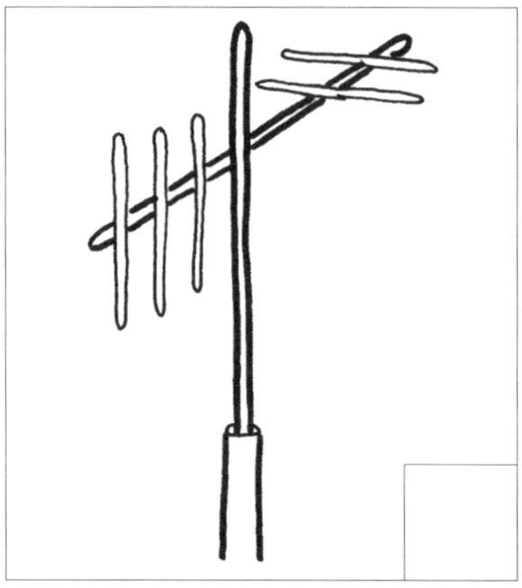

Welches Wort beginnt mit U? Kreuze an! Male Silbenboote!
(U-Boot, Umhang, Igel, Unfall, Imker, Unterhemd, Affe, Umzug, Urwald)

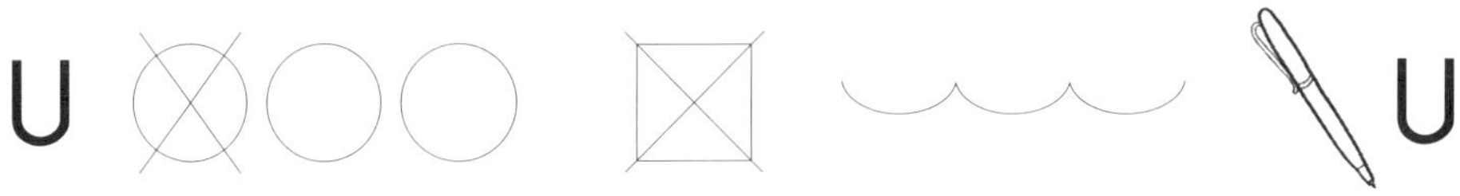

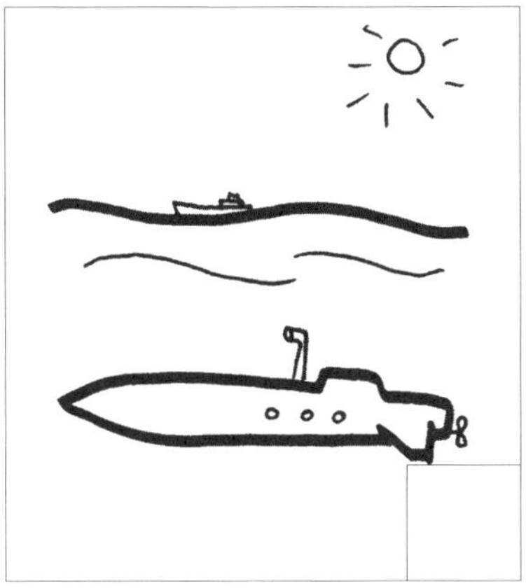

Welches Wort gehört nicht in die Reihe? Streiche es durch!
(U-Boot, Ufo, Insekt, Uhr, Umhang, Unterhemd, Unfall, Axt, Umzug, Igel, Uniform, Urwald)

U

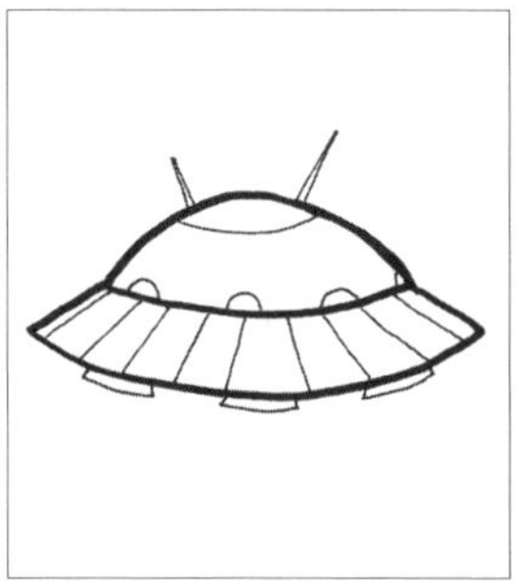
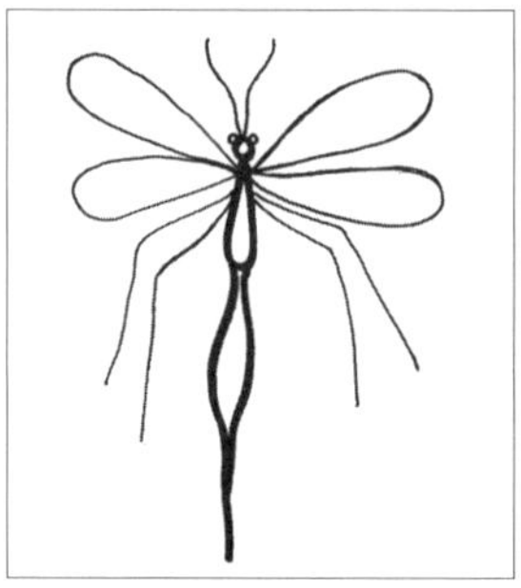

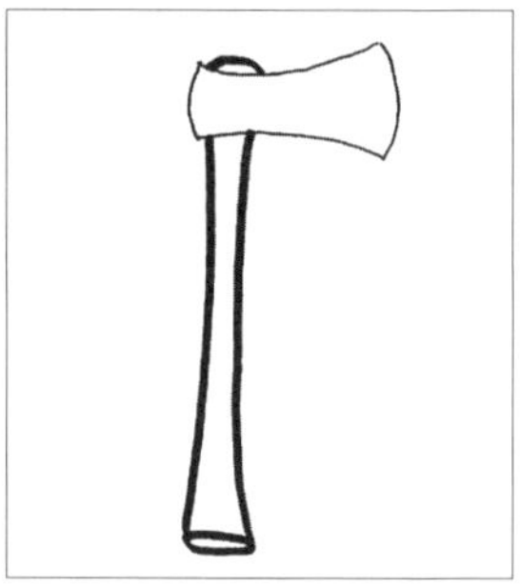

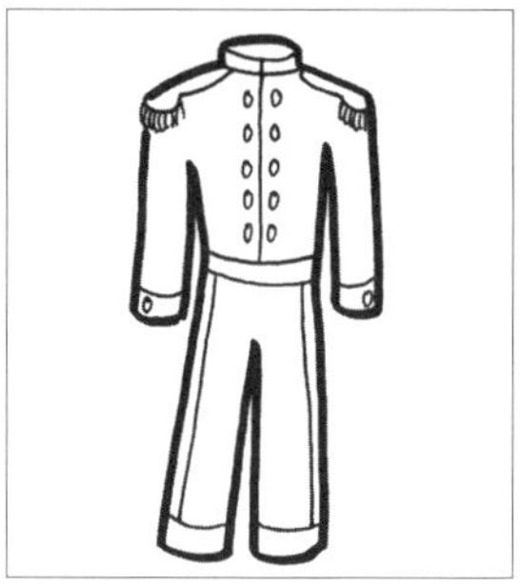

Schneide die Bilder aus Bastelblatt 11 aus!
Klebe die Bilder auf, die mit U beginnen! Kreise alle U ein!

Bastelblatt 11 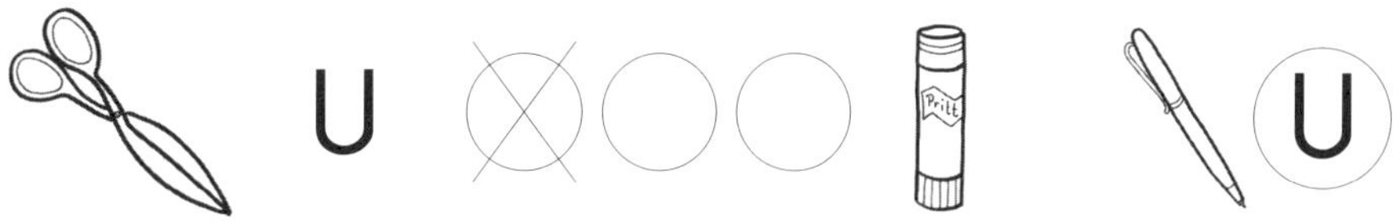

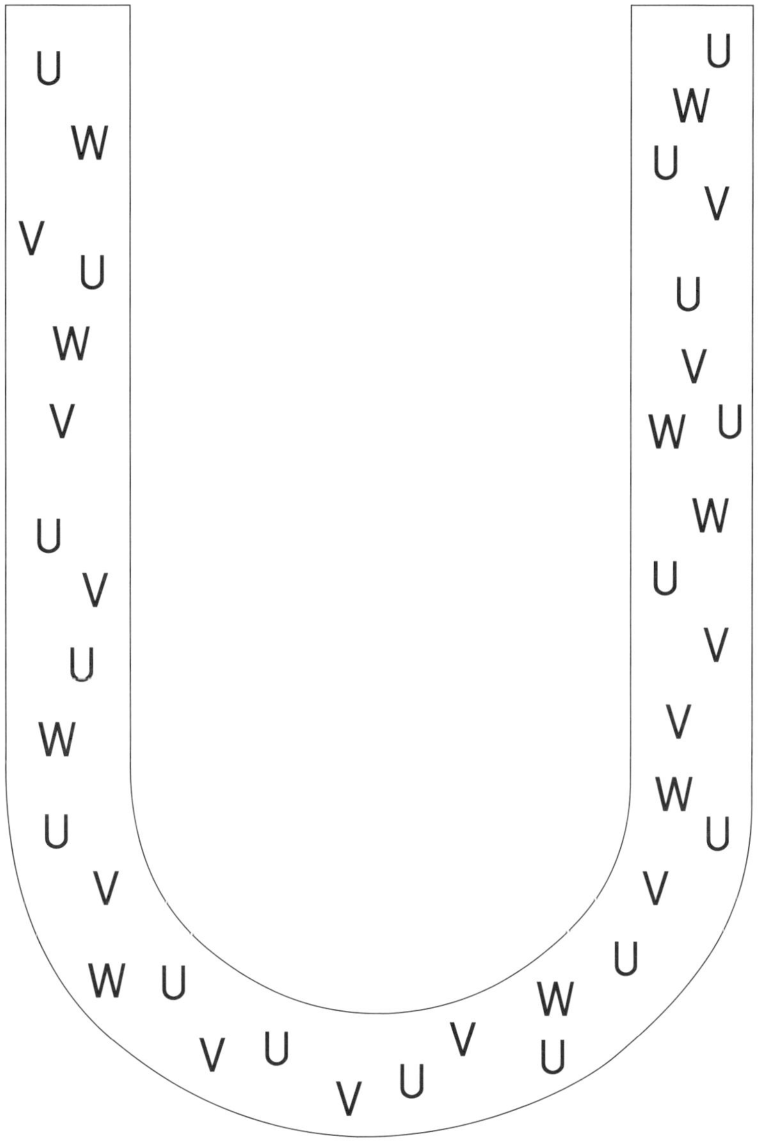

Urwald, Insekt, Umhang, Insel, Ufo, Uniforn, U-Boot, Imker, Unterhemd, Affe, Unfall, Ast

Welches Wort hat ein u am Ende? Kreuze an! Male Silbenboote!
(Sofa, Schuh, Kakadu, Kanu, Zebra, Kuh, Iglu, Sofa, Emu)

u 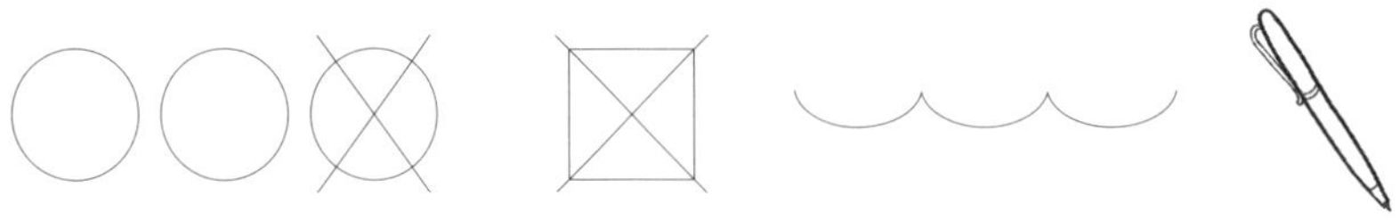 u

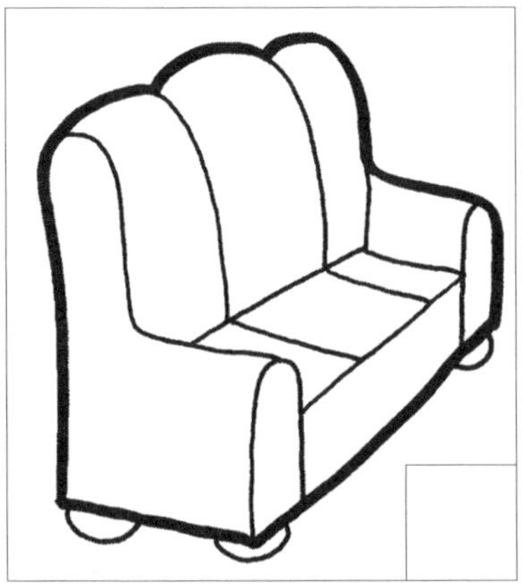
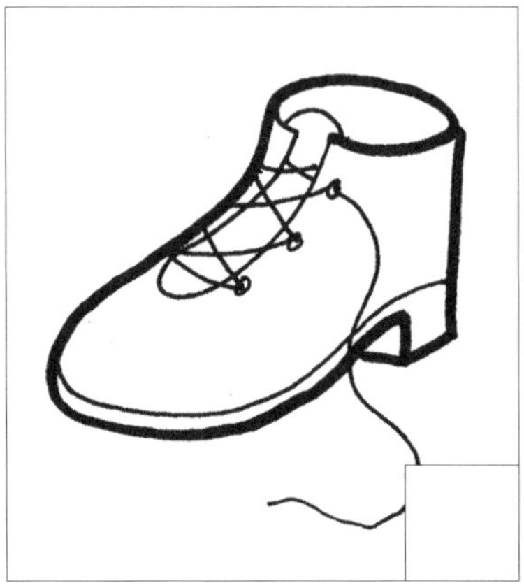

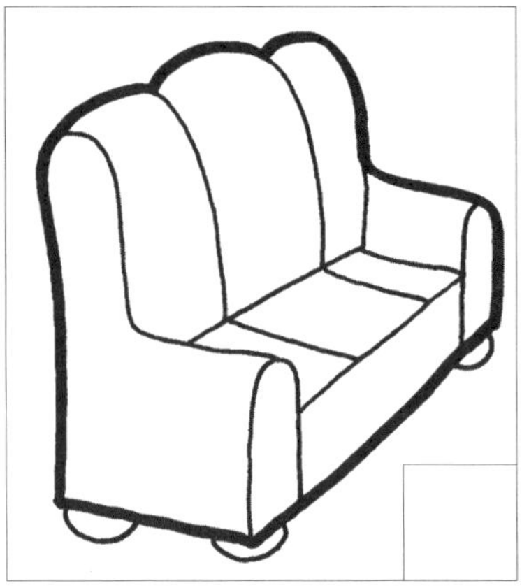

Welches Wort hat ein u am Ende? Kreuze an! Male Silbenboote!
(Mofa, Schuh, Emu, Kuh, Lama, Kakadu, Salami, Kanu, Iglu)

u 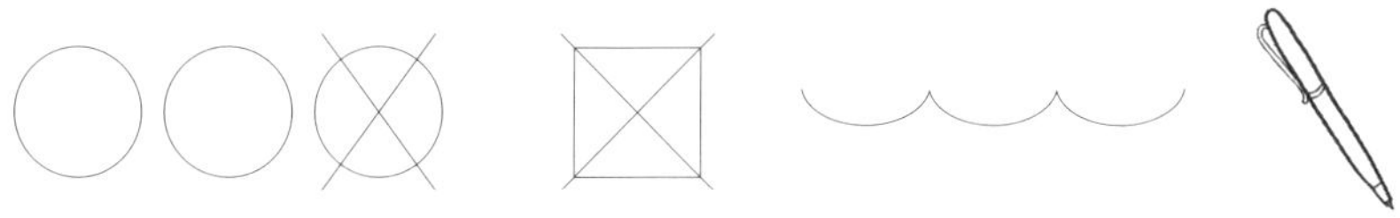 u

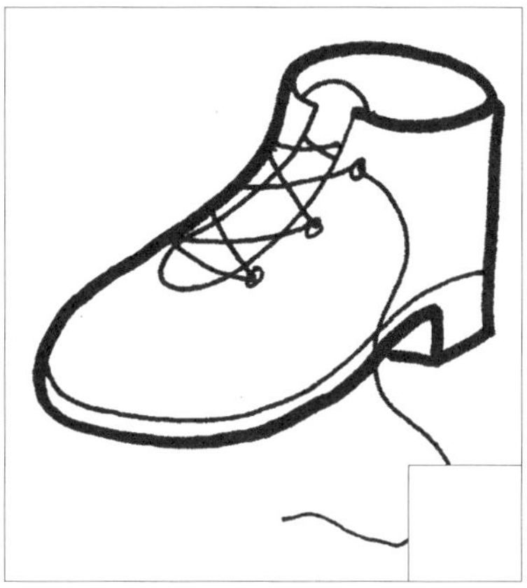

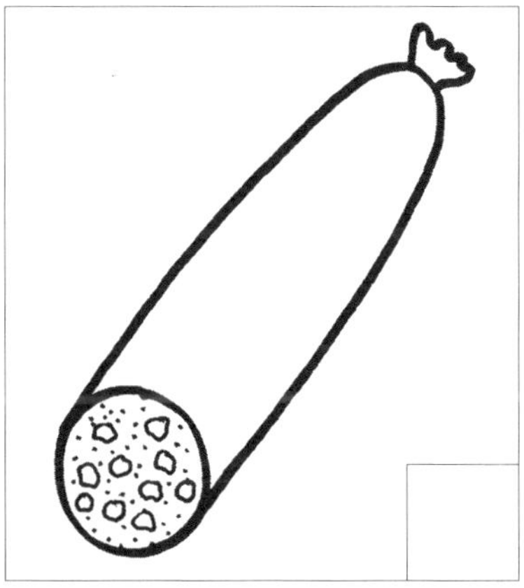

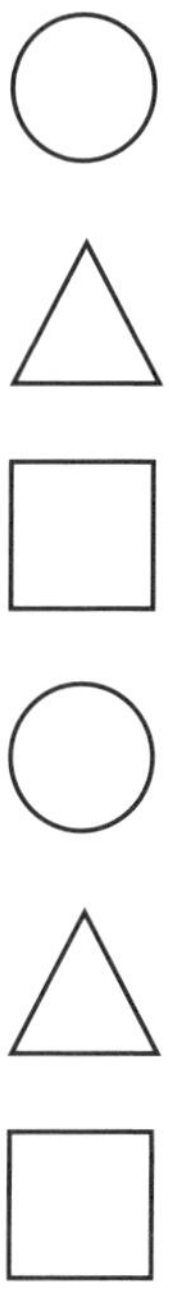

Schneide die Bilder aus Bastelblatt 12 aus!
Klebe die Bilder auf, die ein u am Ende haben! Kreise alle u ein!

Bastelblatt 12

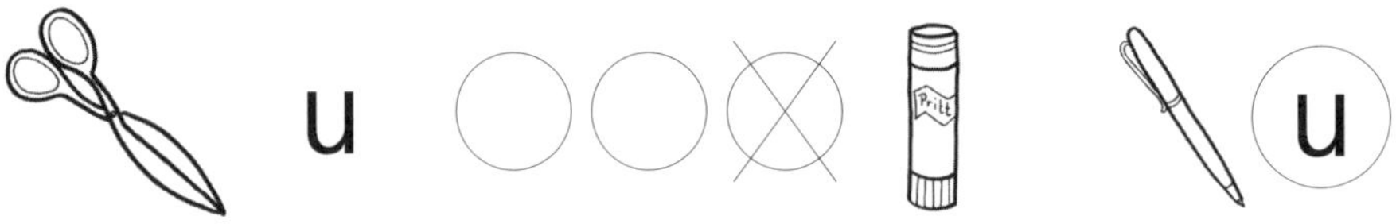

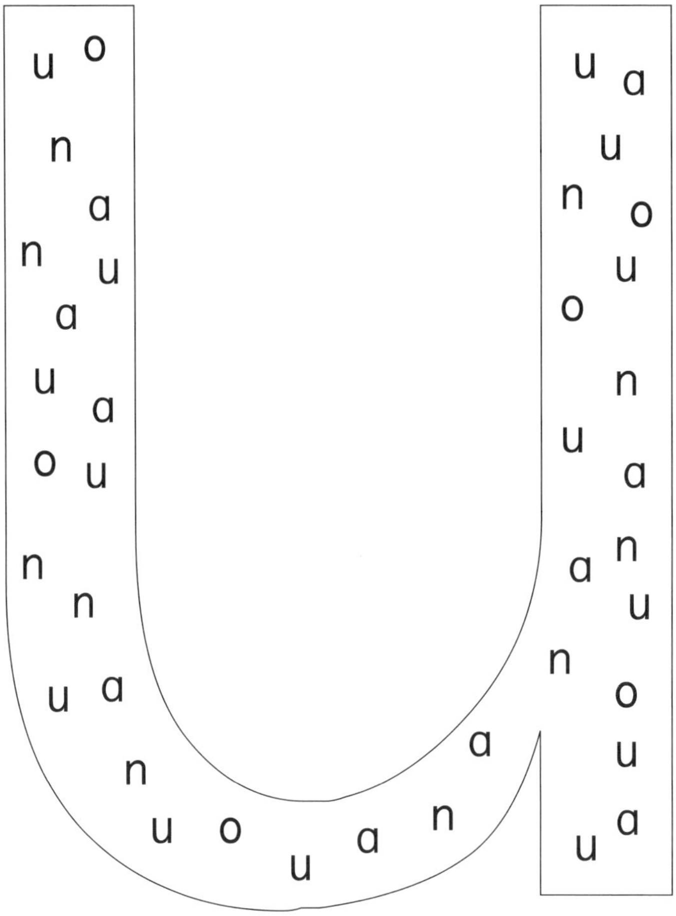

Zebra, Kakadu, Safari, Iglu, Salami, Kanu, Emu, Lama, Sofa, Kuh, Taxi, Schuh

Welches Wort hat ein u in der Mitte? Kreuze an!
(Hut, Zug, Latz, Knie, Nuss, Fuß, Stuhl, Buch, Pilz)

u 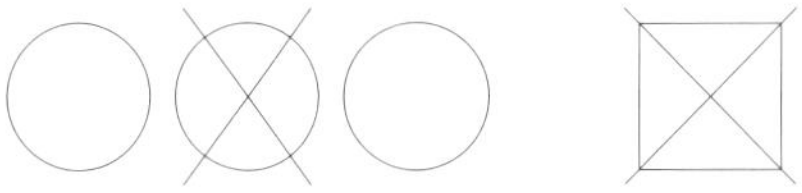

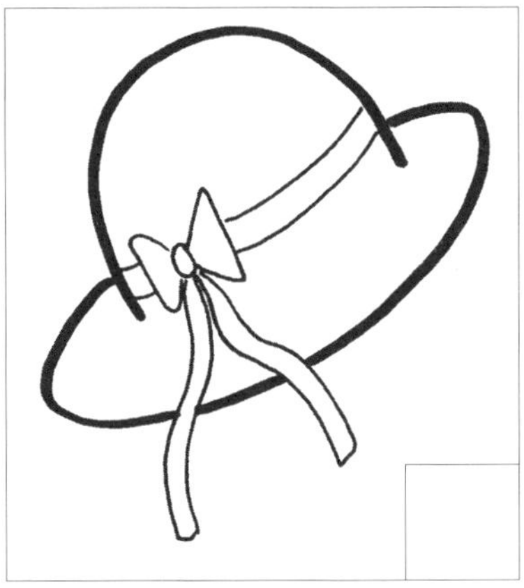

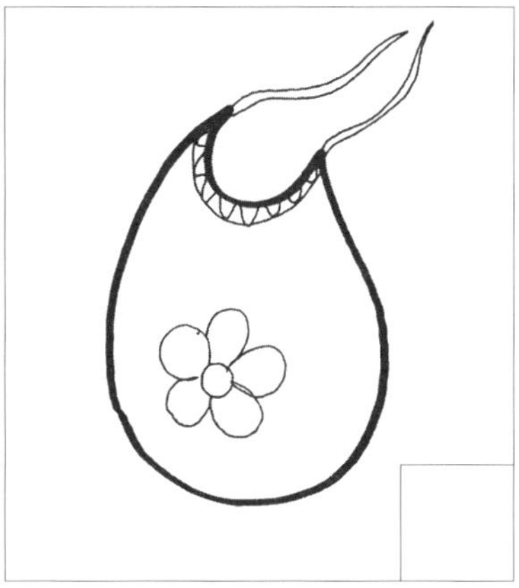

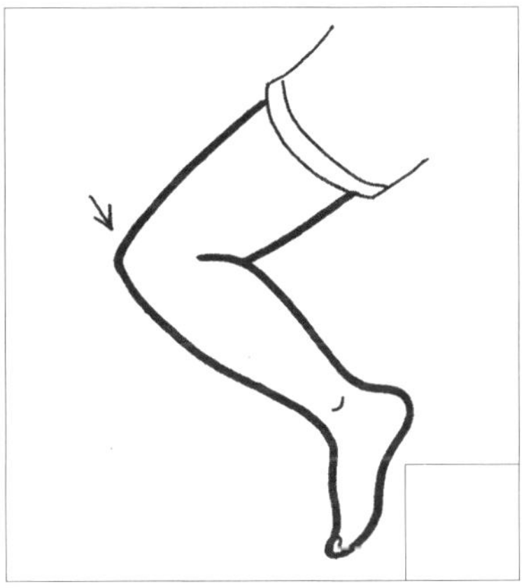
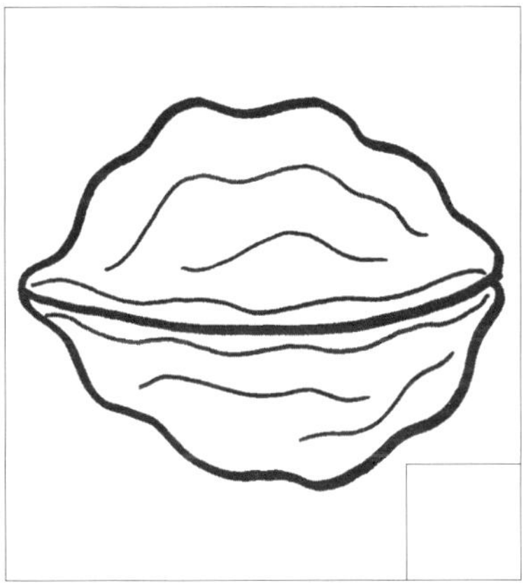
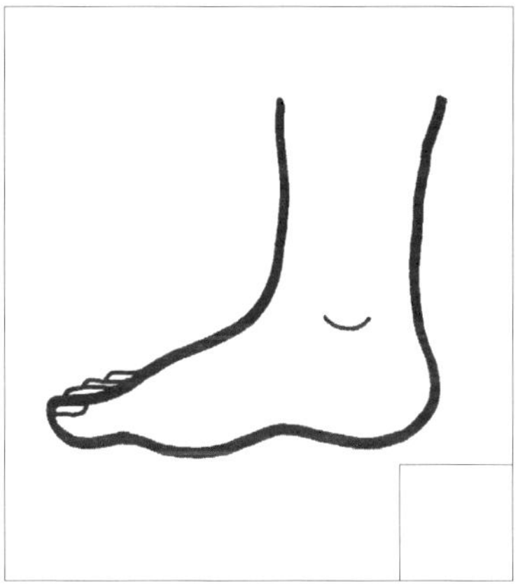

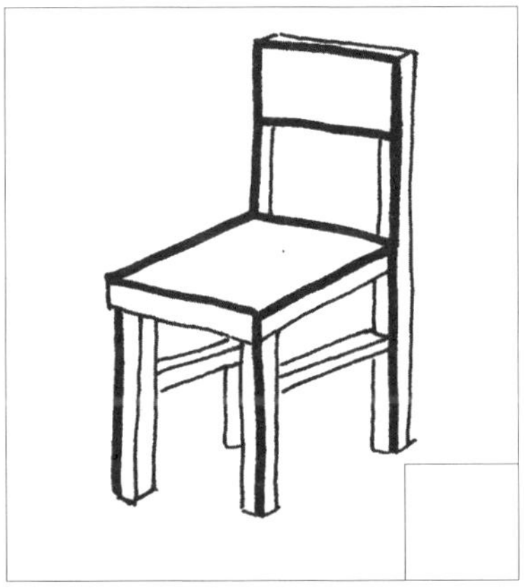

Welches Wort hat ein u in der Mitte? Kreuze an!
(Bus, Wurm, Hals, Lamm, Hund, Fuß, Buch, Mund, Ring)

u 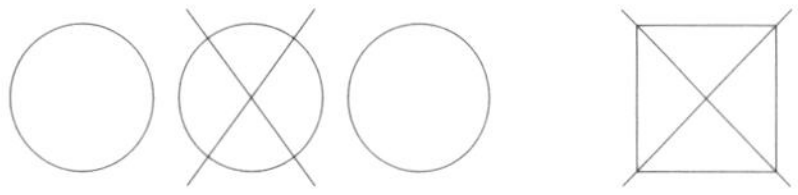

 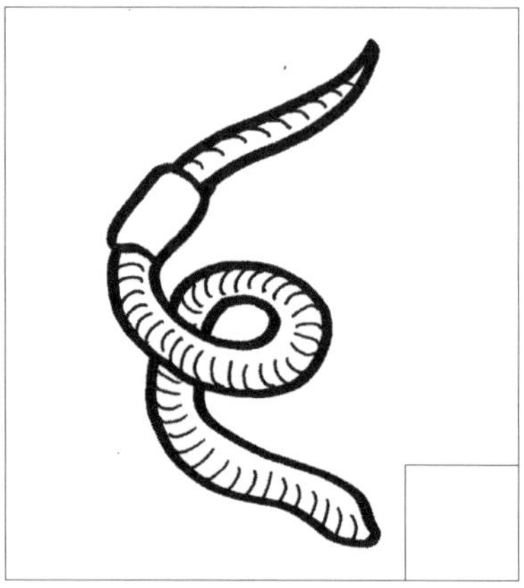 

  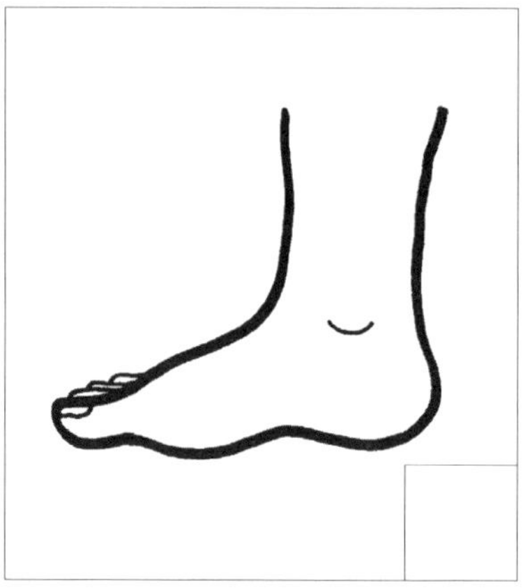

  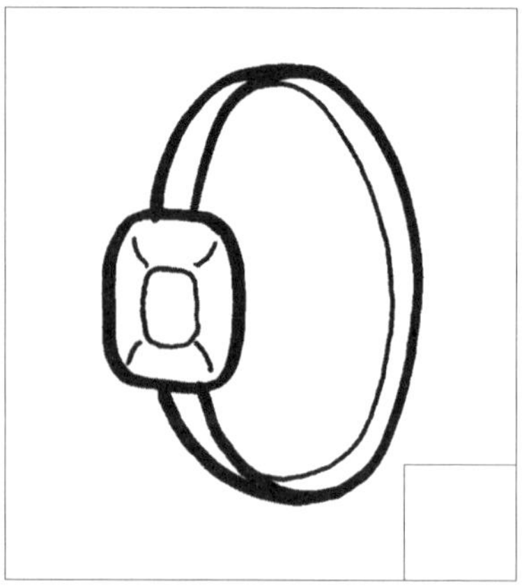

Schneide die Bilder aus Bastelblatt 13 aus!
Klebe die Bilder auf, die ein u in der Mitte haben! Kreise alle u ein!

Bastelblatt 13

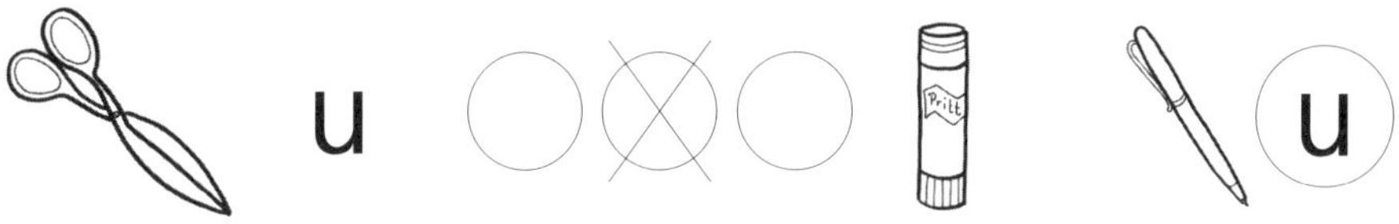

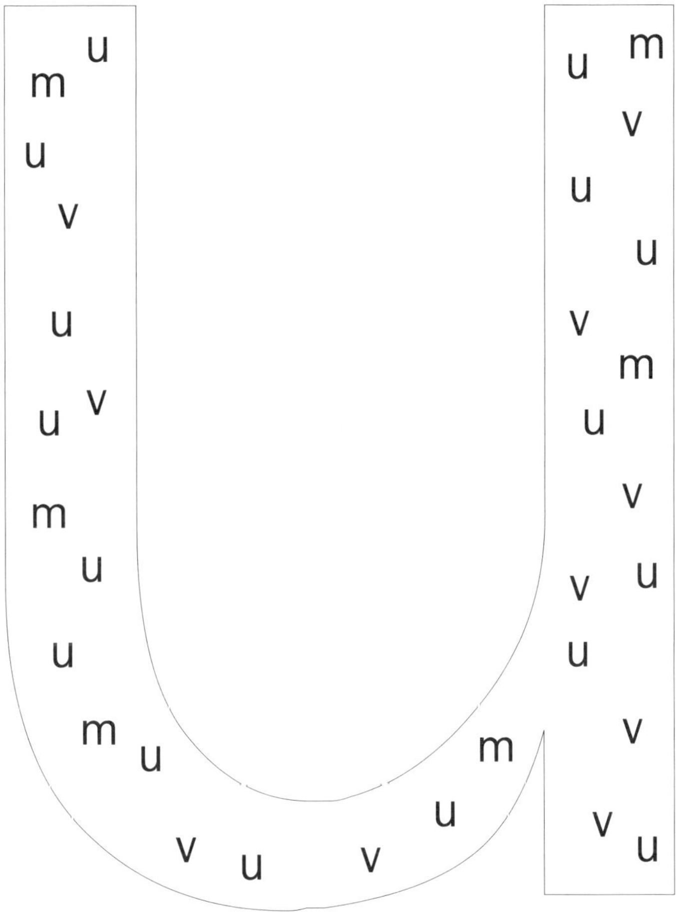

Film, Mund, Pilz, Nuss, Schirm, Glas, Bus, Dach, Fuß, Hund, Schaf, Buch

Wo sprichst du ein u? Am Anfang? In der Mitte? Am Ende? Kreuze an!
(Kanu, Nuss, Uhr, Hund, Urwald, Kakadu, Mund, Emu, Unfall)

U u

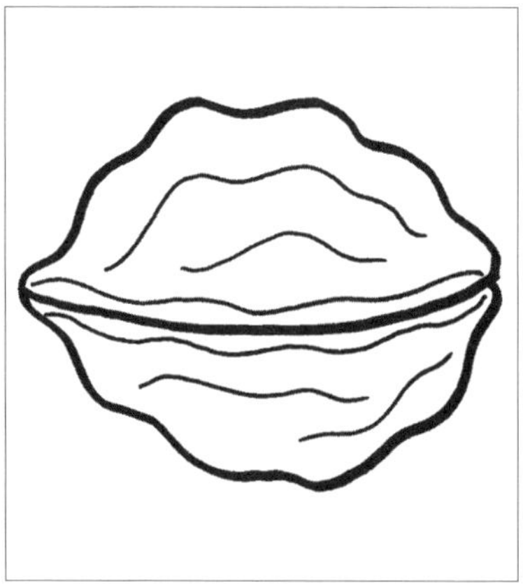

Welches Bild gehört zu welchen Silbenbooten? Verbinde!
(Kakadu, Zug, Radio, Pinguin, Uniform, Ufo)

o a

a a u

u

a i o

U o

i u i

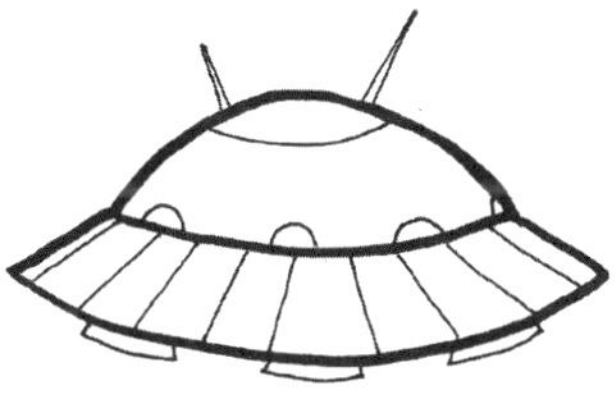

u i o

Welches Bild gehört zu welchen Silbenbooten? Verbinde!
(Umzug, Paprika, Domino, Iglu, Unfall, Dom)

o a

U u

U a

o i o

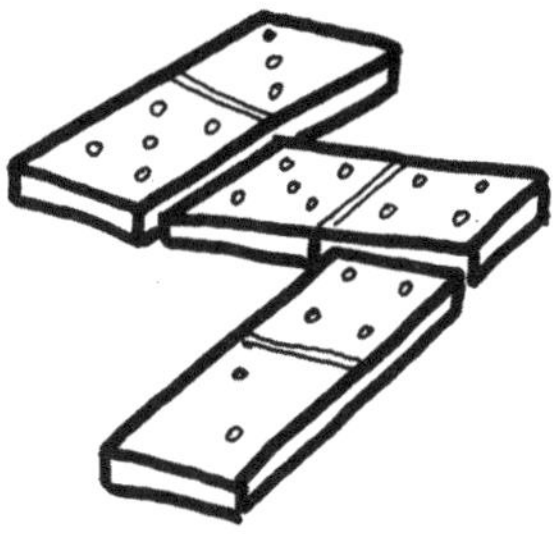

o

I u

a i a

Male Silbenboote unter die Bilder! Schreibe das a/o/i/u in die Boote!
(Kuh, Kakadu, Schuh, Unfall, Wurm, Urwald, Kanu, Fuß, Iglu)

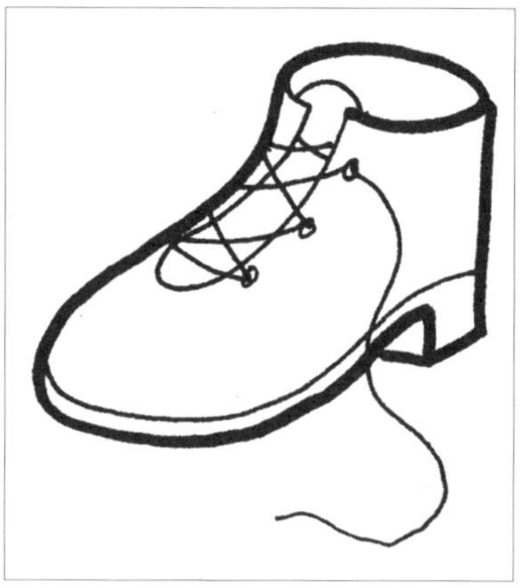

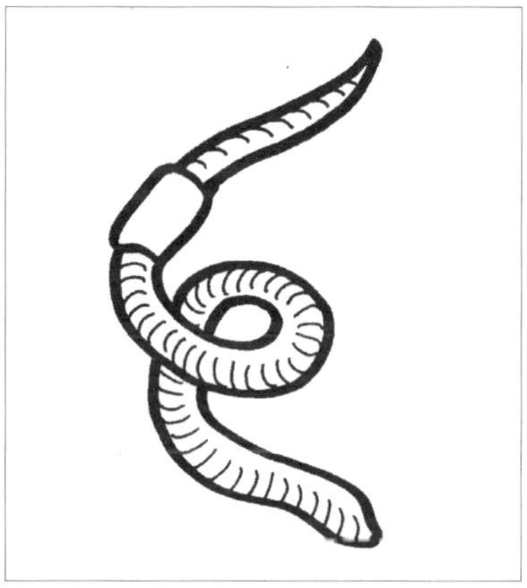

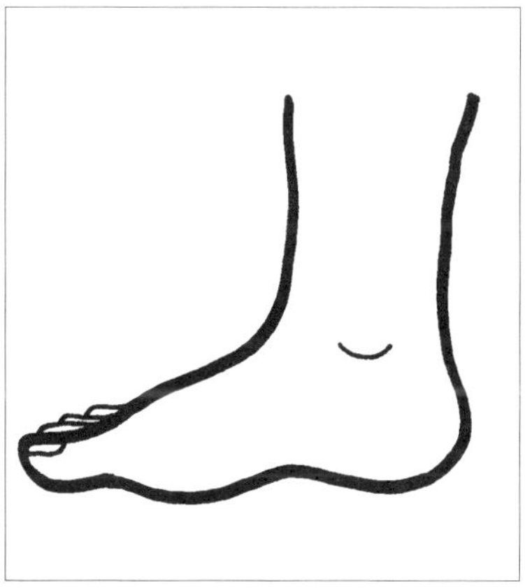

Male Silbenboote unter die Bilder! Schreibe das a/o/i/u in die Boote!
(Umzug, Umhang, Bus, Zug, Pinguin, Ufo, Uniform, Uhu, Mofa)

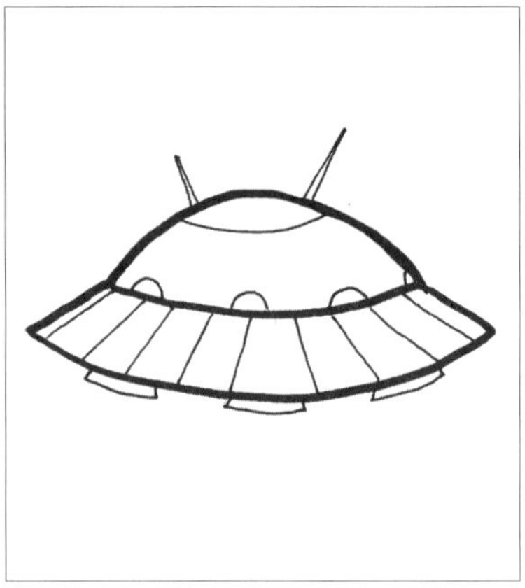

Male Silbenboote unter die Bilder! Schreibe das a/o/i/u in die Boote!
(Iglu, Arm, Uniform, Kakadu, Rollschuh, Pitti, Paprika, Mond, Ufo)

U a o i

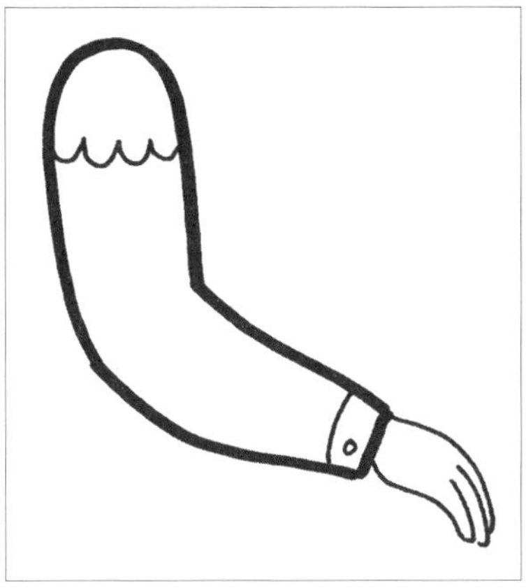
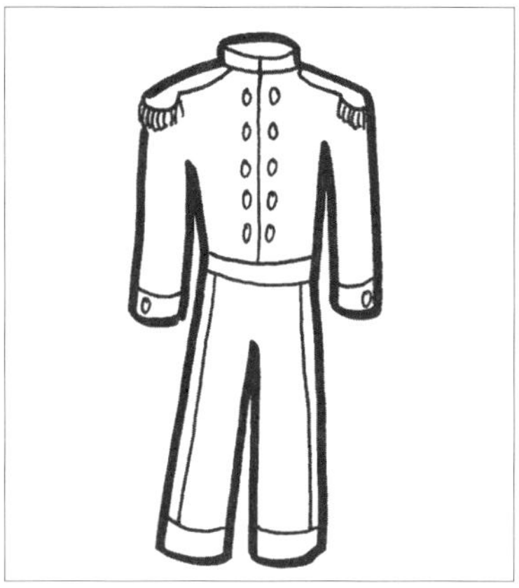

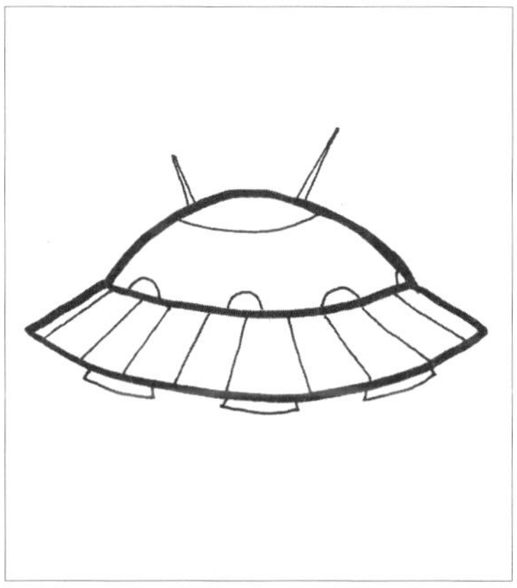

Male Silbenboote unter die Bilder! Schreibe das a/o/i/u in die Boote!
(Nashorn, Gorilla, Schirm, Schild, Luftballon, Foto, Krokodil, Hirsch, Uniform)

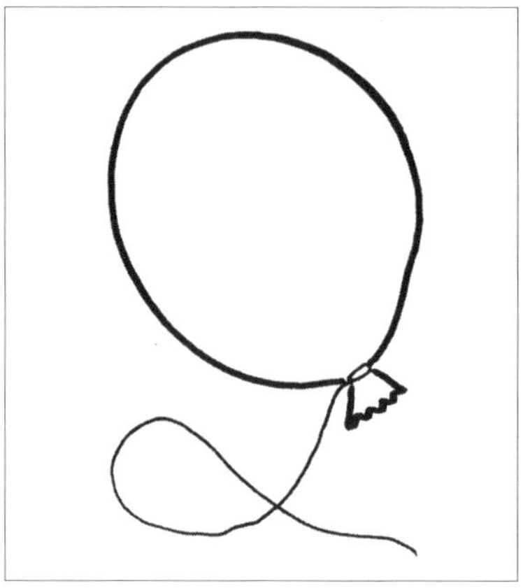

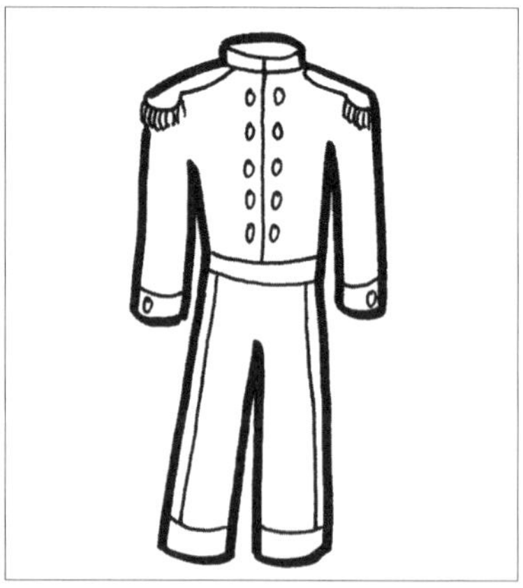

Schneide die Bilder aus Bastelblatt 14 aus und klebe sie in das richtige Kästchen! (Ast, Luftballon, Rollschuh, Tuba, Gorilla, Radio, Uhu, Kuh, Krokodil)

Bastelblatt 14 

o u	u a	U u
A	u a o	o o i
o i a	u	a i o

Schneide die Bilder aus Bastelblatt 15 aus und klebe sie in das richtige Kästchen! (Mond, Safari, Urwald, Kakadu, Mund, Album, Tuba, Foto, Umzug)

Bastelblatt 15

o o

A u

o

U u

u

a a u

U a

u a

a a i

Schneide die Bilder aus Bastelblatt 16 aus und klebe sie in die Tabelle!
(Obst, Ofen, Indianer, Ufo, Affe, Opa, Imker, U-Boot, Arzt, Urwald, Iglu, Ast)

Bastelblatt 16 

A	O	I	U

Welches Wort beginnt mit E? Kreuze an! Male Silbenboote!
(Emu, Ufo, Axt, Iglu, Arzt, elf, Opa, Eskimo, Obst)

E 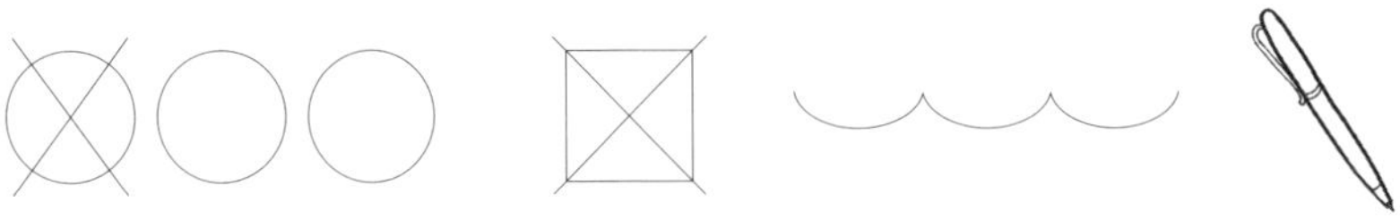 E

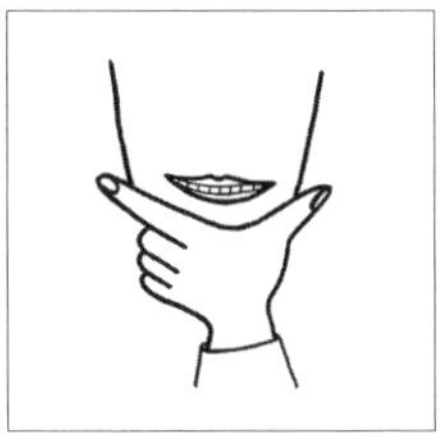

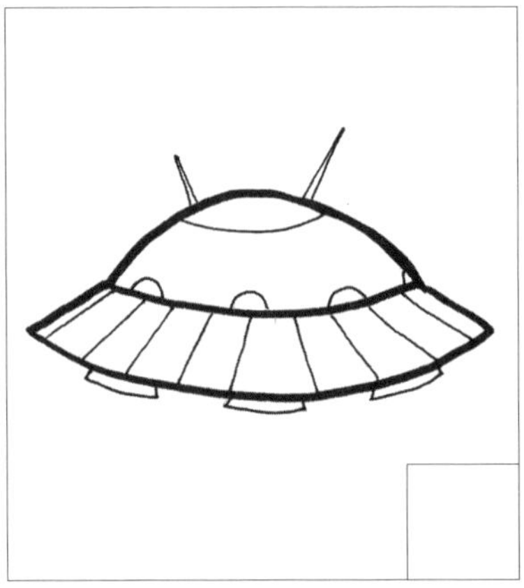

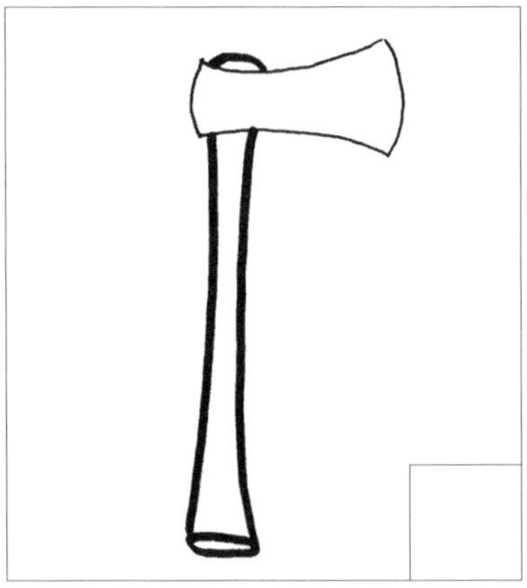

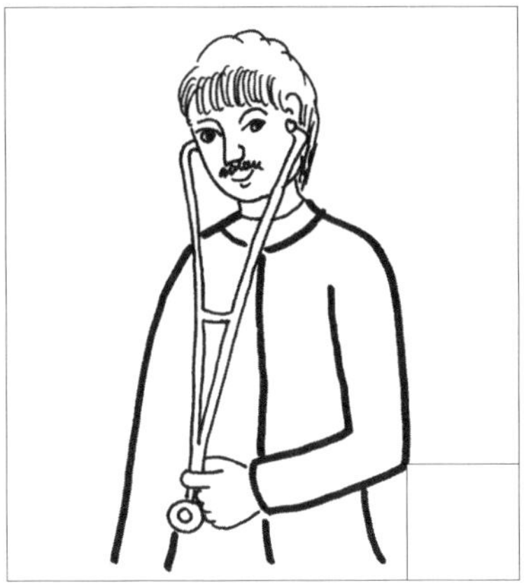

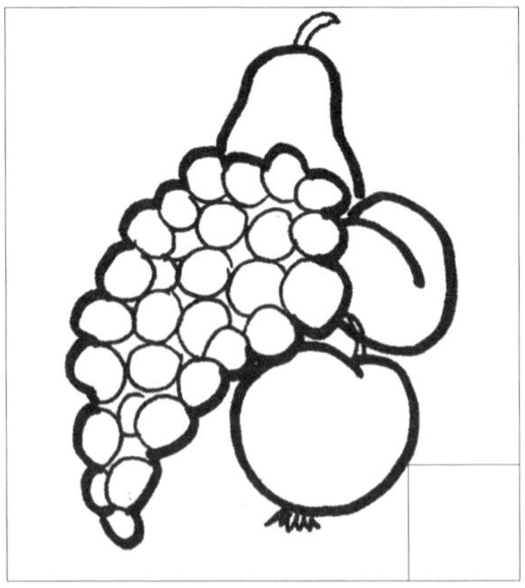

Welches Wort beginnt mit E? Kreuze an! Male Silbenboote!
(Ring, Emu, Iglu, Eskimo, Aquarium, Urwald, Album, Ast, elf)

E 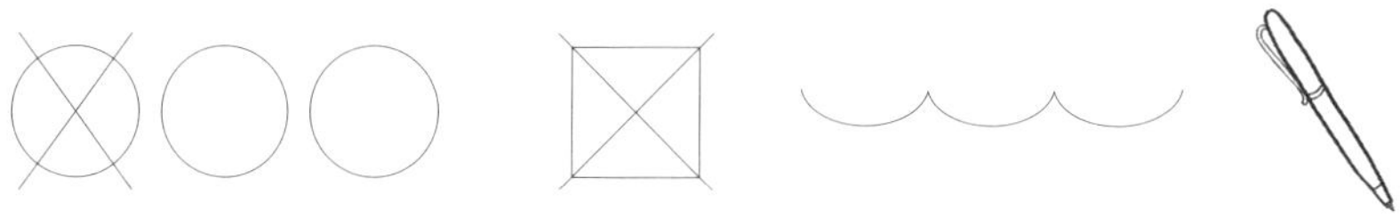 E

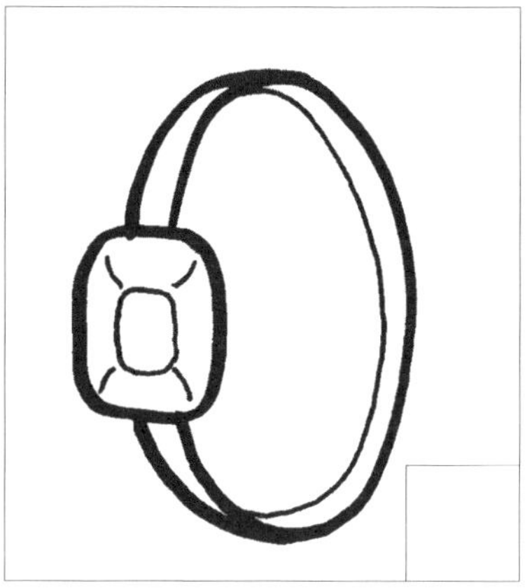

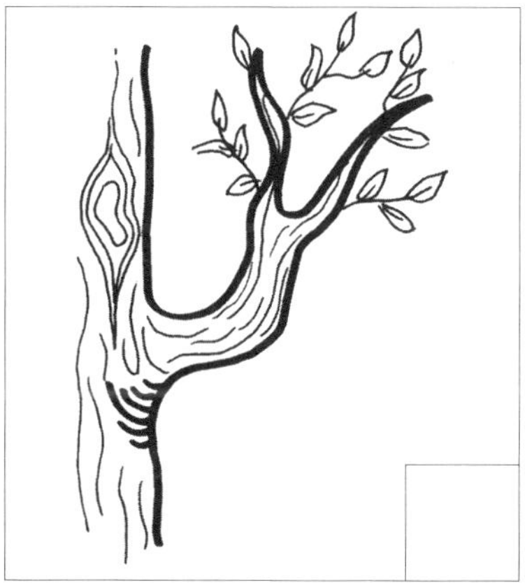

Schneide die Bilder aus Bastelblatt 17 aus!
Klebe die Bilder auf, die mit E beginnen! Kreise alle E ein!

Bastelblatt 17

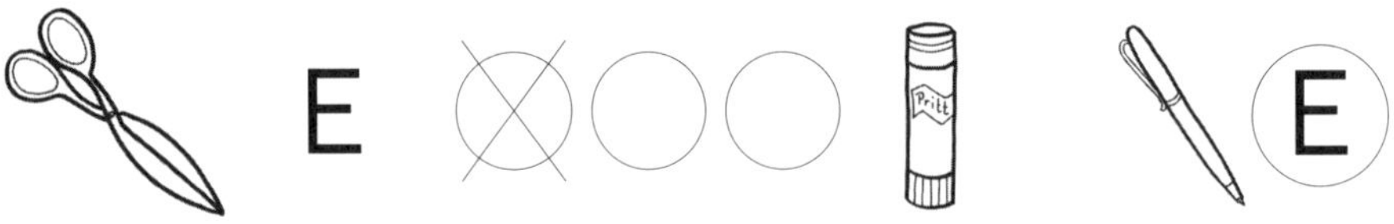

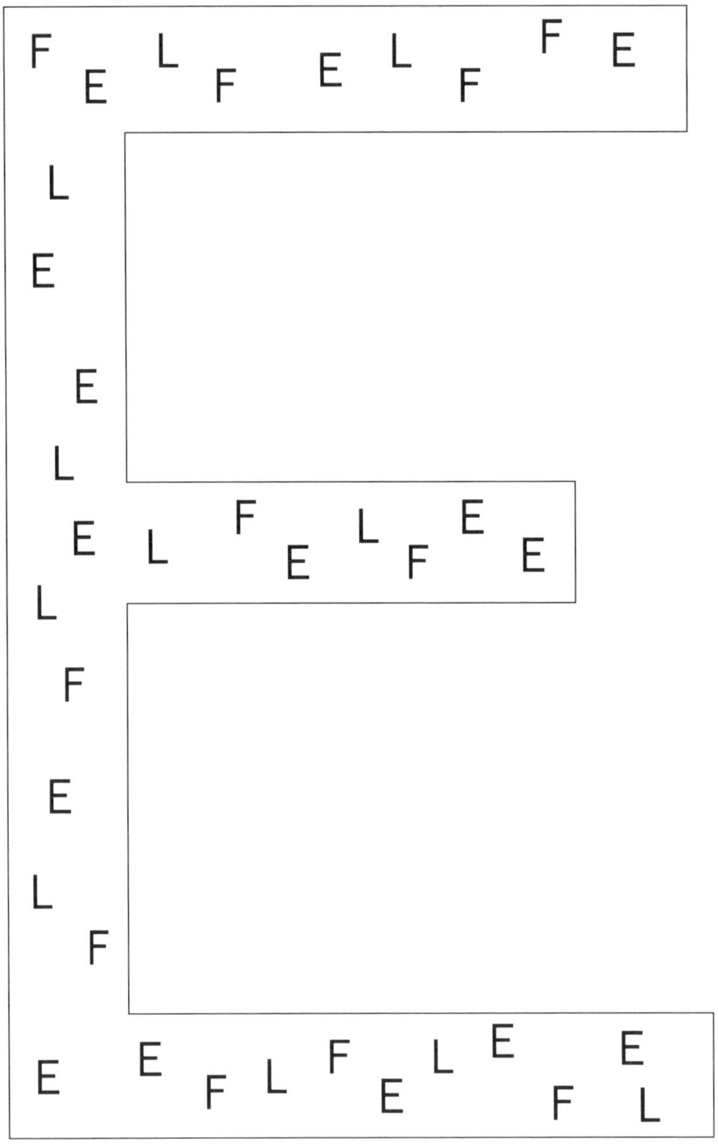

Uniform, Abfall, Ananas, elf, Iglu, Aquarium, Opa, Axt, Eskimo, Unfall, Uhr, Emu

Welches Wort hat ein e am Ende? Kreuze an! Male Silbenboote!
(Puppe, Giraffe, Sofa, Matrose, Kakadu, Dose, Uhu, Flasche, Nase)

e 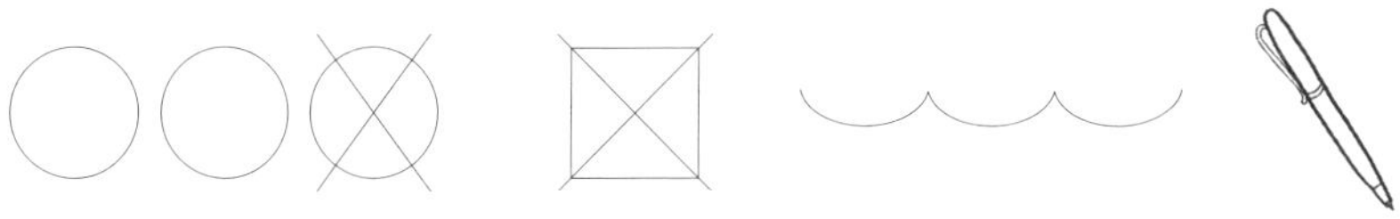 e

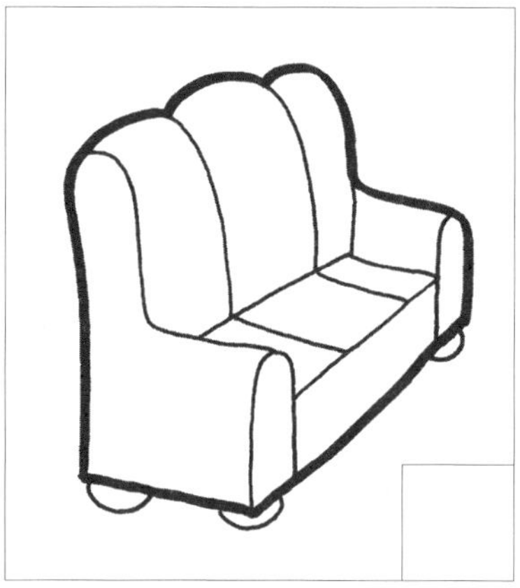

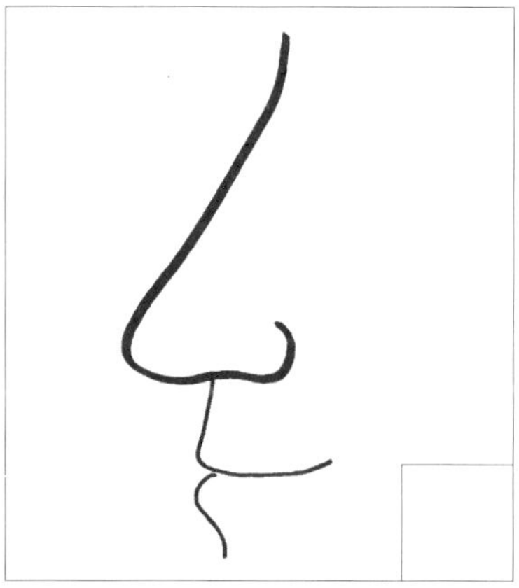

Welches Wort hat ein e am Ende? Kreuze an! Male Silbenboote!
(Affe, Aprikose, Pulli, Audi, Hose, Folie, Gitarre, Domino, Spinne)

e 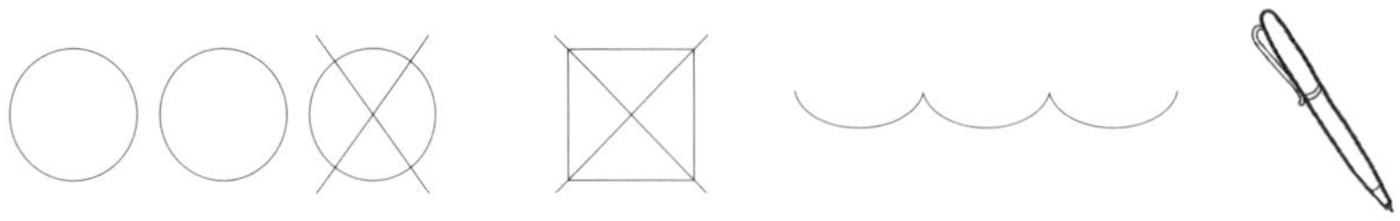 e

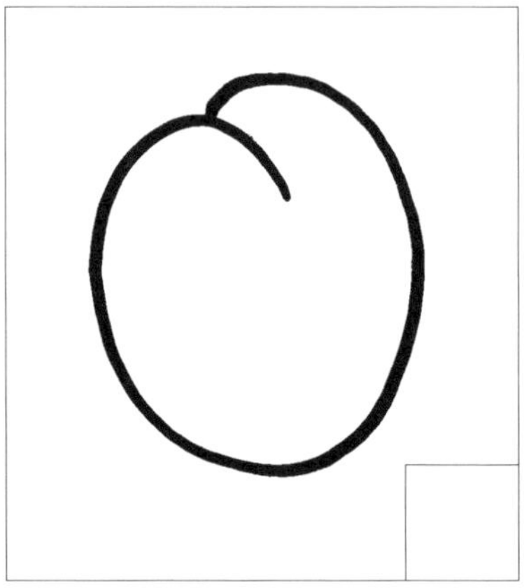
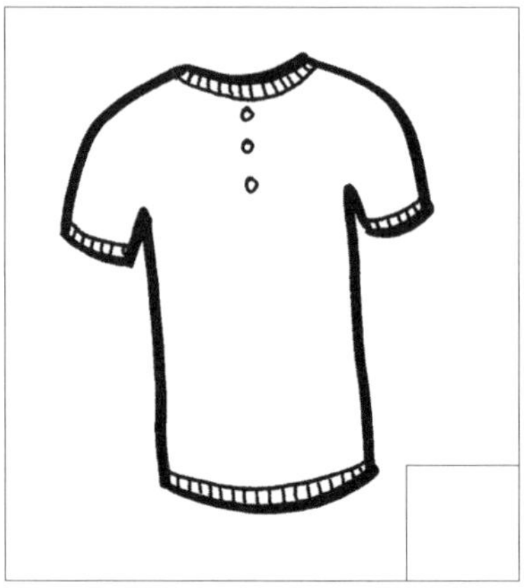

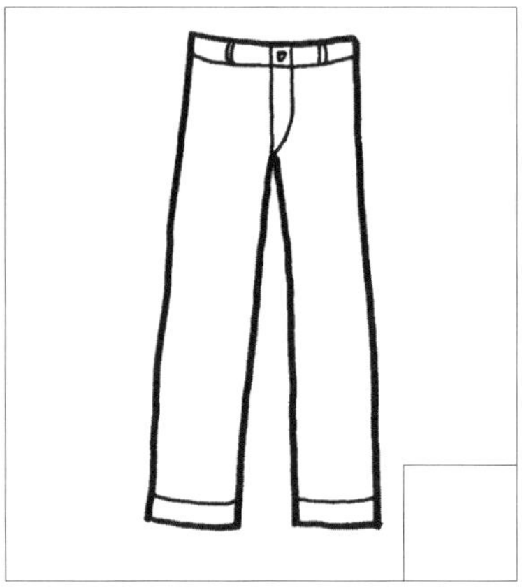
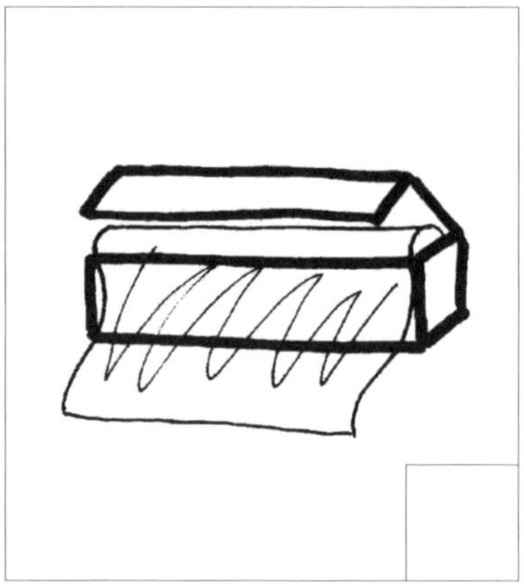

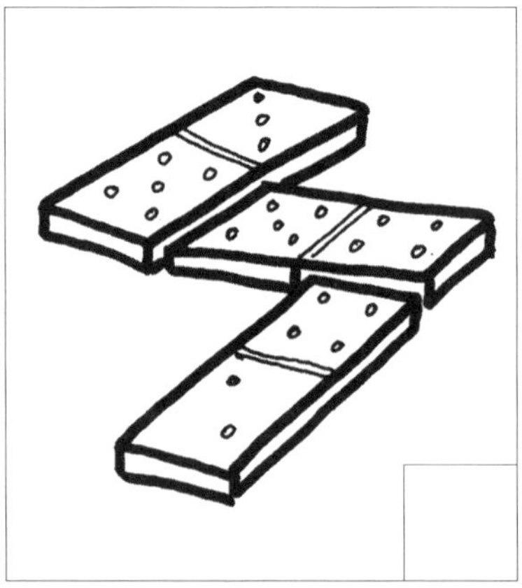

Welches Wort gehört nicht in die Reihe? Streiche es durch!
(Hupe, Ufo, Nase, Made, Reh, See, Schuh, Klee, Kakadu, Matrose, Folie, Gitarre)

e

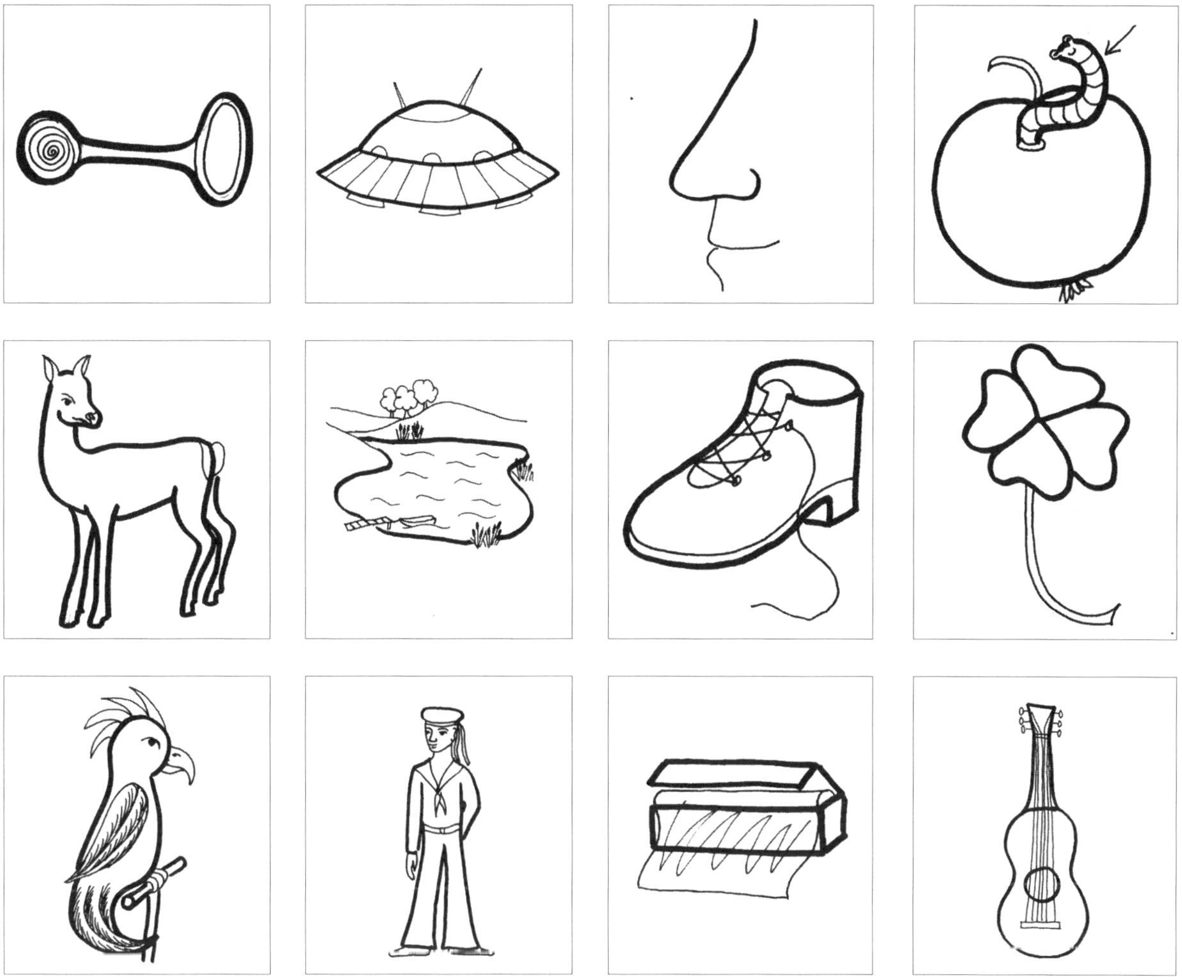

Schneide die Bilder aus Bastelblatt 18 aus!
Klebe die Bilder auf, die ein e am Ende haben! Kreise alle e ein!

Bastelblatt 18

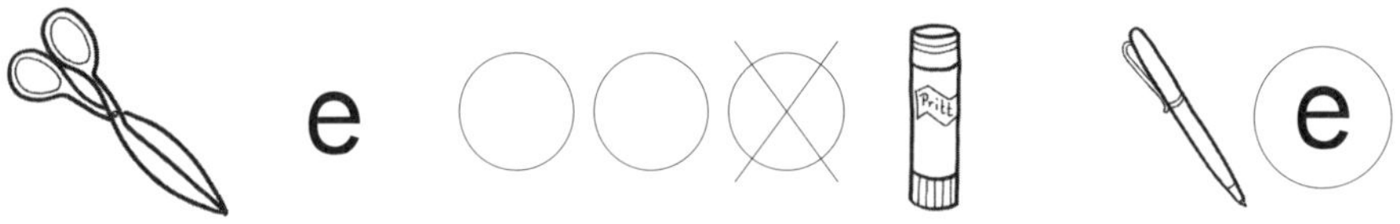

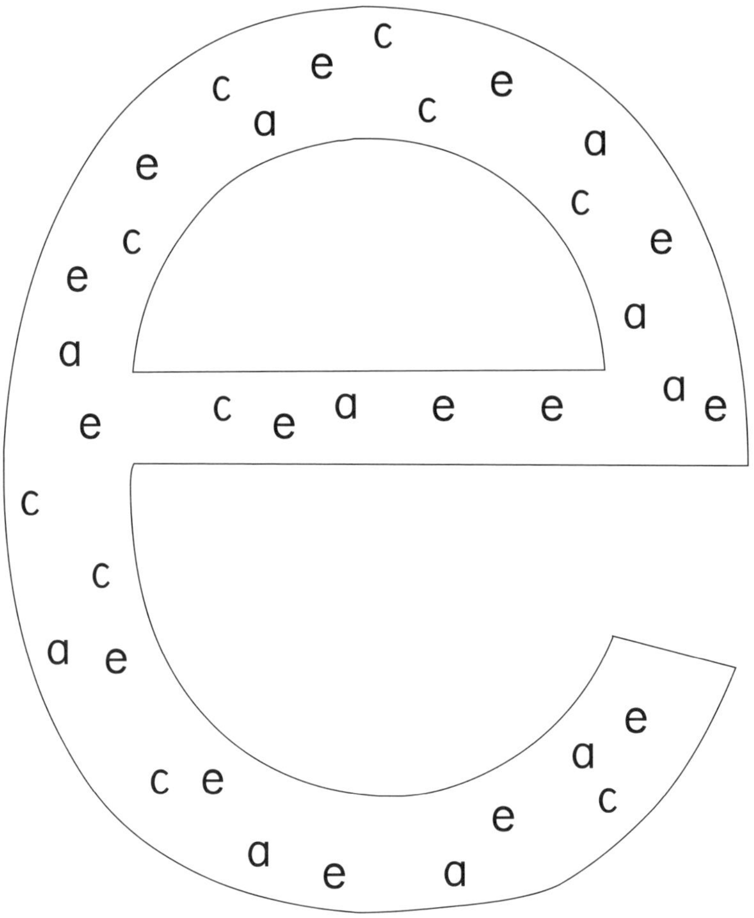

Nase, Hupe, Limo, Domino, See, Ufo, Klee, Gorilla, Reh, Kanu, Hase, Paprika

Welches Wort hat ein e in der Mitte? Kreuze an!
(Brett, Nest, Zug, Bett, Ball, Berg, Geld, Tisch, Zwerg)

e 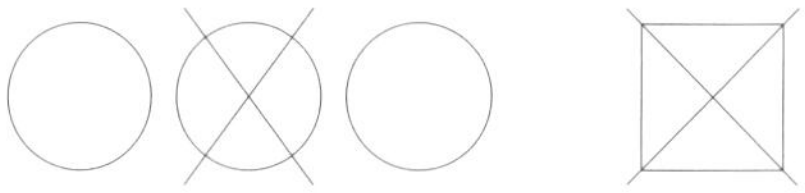

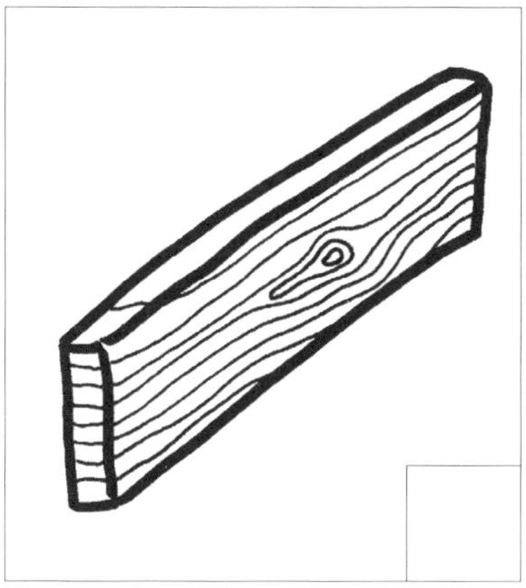

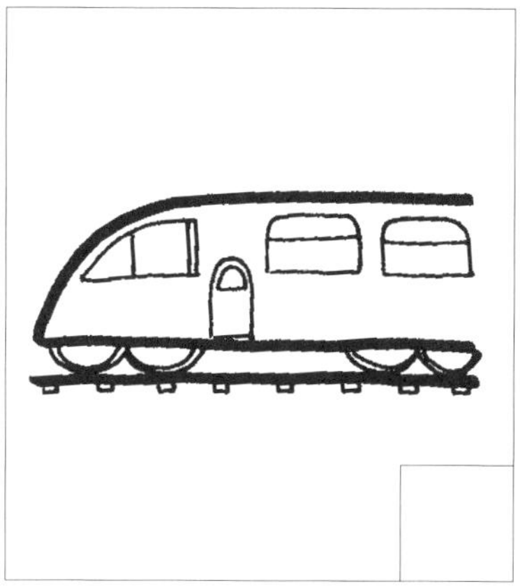

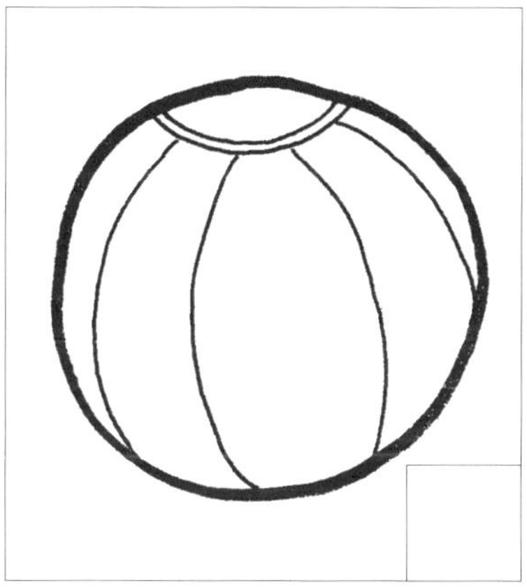

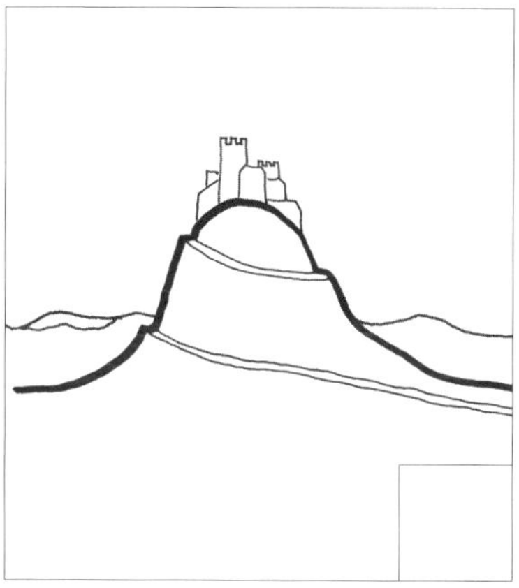

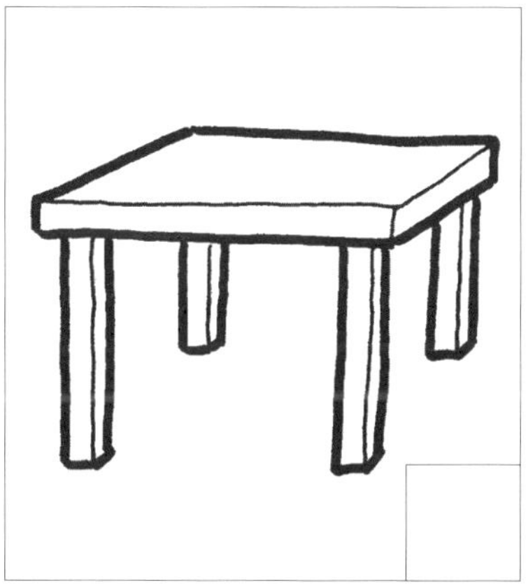

Welches Wort hat ein e in der Mitte? Kreuze an!
(Specht, Schrank, Zelt, Berg, Post, Weg, Glas, Cent, Heft)

e

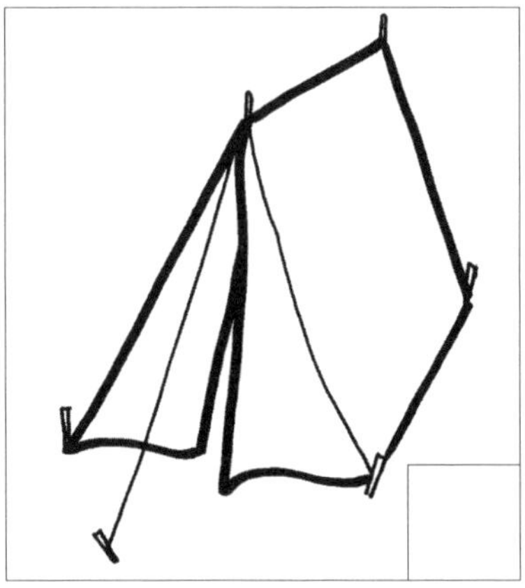
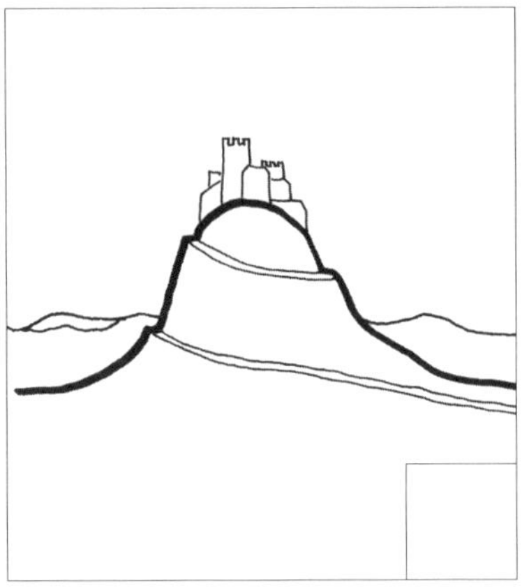

Schneide die Bilder aus Bastelblatt 19 aus!
Klebe die Bilder auf, die ein e in der Mitte haben! Kreise alle e ein!

Bastelblatt 19

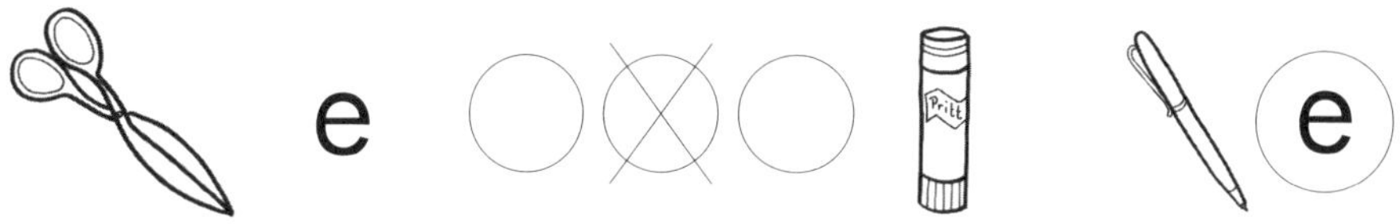

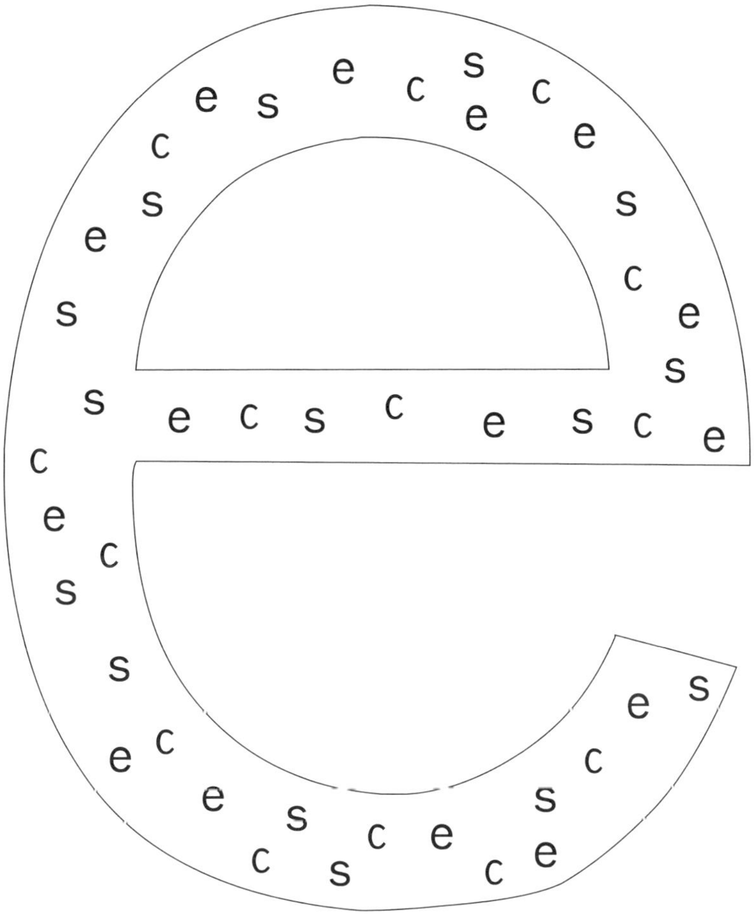

Schirm, Bett, Nest, Zahn, Cent, Film, Weg, Mond, Brett Hirsch, Post, Geld

Male Silbenboote unter die Bilder! Schreibe das a/e/i/o/u in die Boote!
(Insel, Mond, Melone, Traktor, Nashorn, Brett, Tomate, Pilz, Rose)

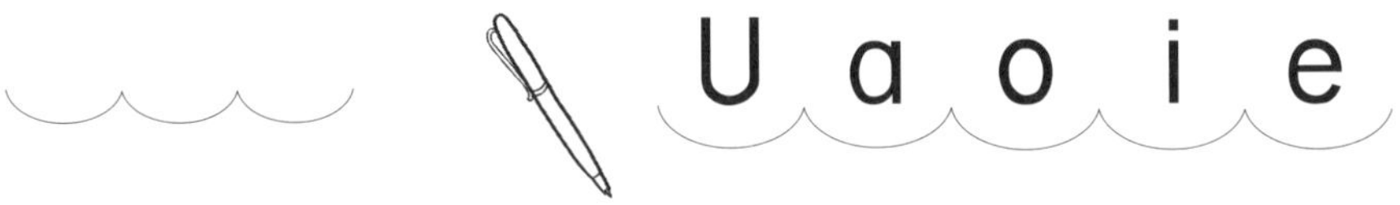

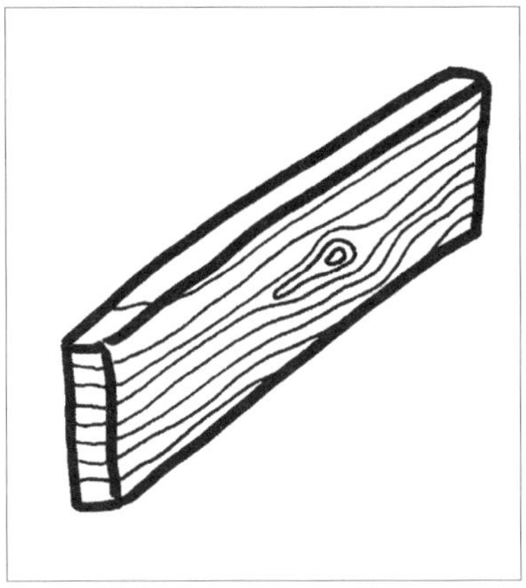

Male Silbenboote unter die Bilder! Schreibe das a/e/i/o/u in die Boote! (Tasse, Obst, Tapete, Schule, Trompete, Zug, Kamel, Ring, Eskimo)

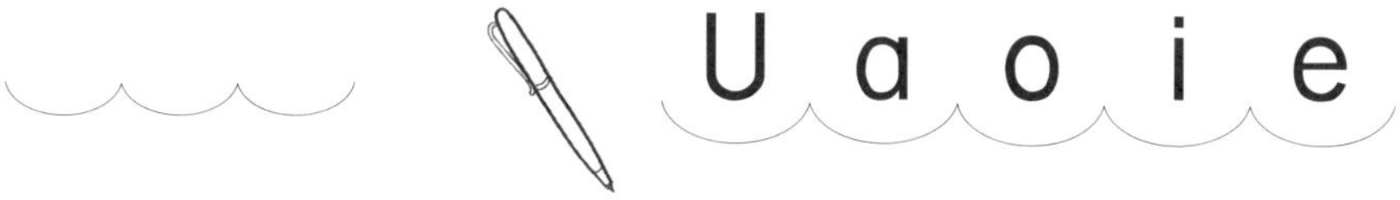

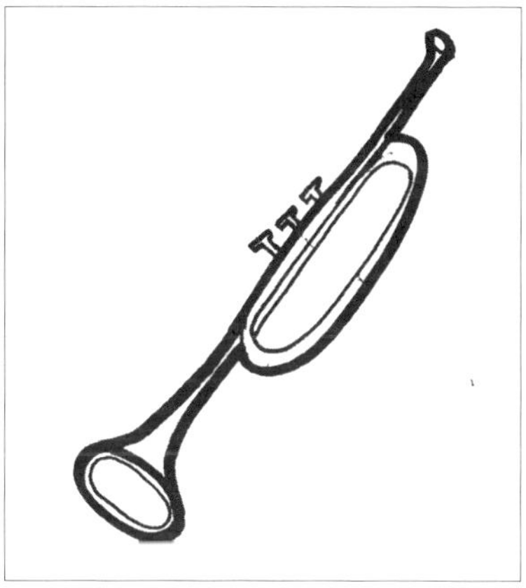

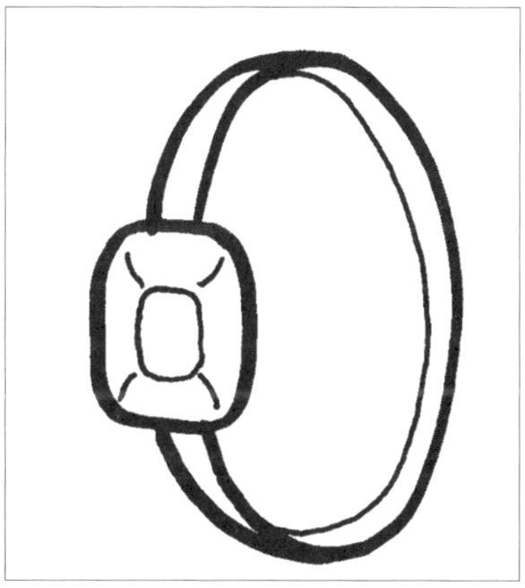

Male Silbenboote unter die Bilder! Schreibe das a/e/i/o/u in die Boote! (Krokodile, Emu, Elefant, Aprikose, Krankabine, Kamel)

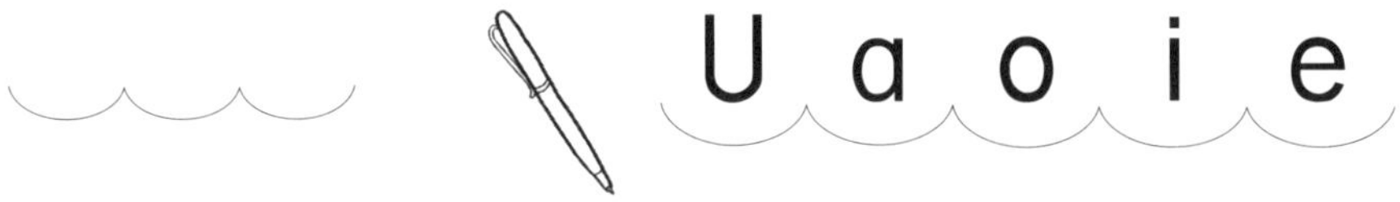

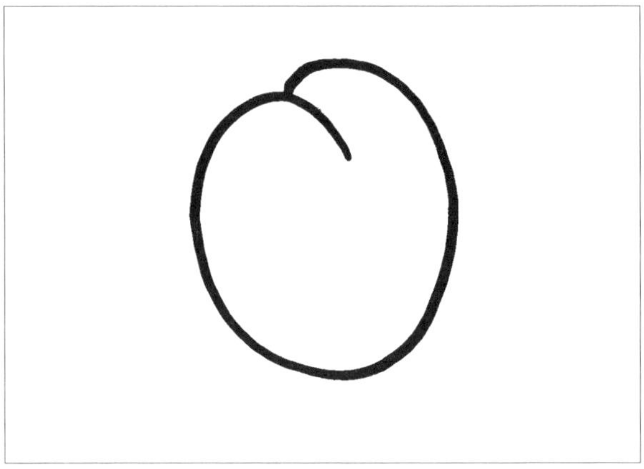

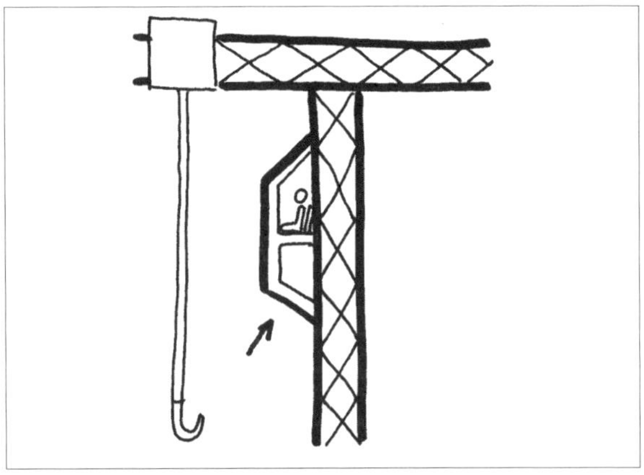

Male Silbenboote unter die Bilder! Schreibe das a/e/i/o/u in die Boote!
(Fisch, Anlegestelle, Urwald, Instrumente, Ozean, Mandarine)

U a o i e

Schneide die Bilder aus Bastelblatt 20 aus und klebe sie in das richtige Kästchen! (Zebra, Chinese, Trompete, Tomate, Obst, Zitrone, Giraffe, Paket, Eskimo)

Bastelblatt 20 

o a e

E i o

a e

i a e

e a

o e e

i o e

i e e

O

Schneide die Bilder aus Bastelblatt 21 aus und klebe sie in das richtige Kästchen! (Rose, Affe, Pitti, Schule, Paprika, Flasche, Sofa, Matrose, Uniform)

Bastelblatt 21

o a

o e

u e

a e

i i

A e

a o e

U i o

a i a

Schneide die Bilder aus Bastelblatt 22 aus und klebe sie in das richtige Kästchen! (Instrumente, Aprikose, Urkunde, Lineal, Tapete, Aquarium, Nest, Dose, Zebra)

Bastelblatt 22 

a e e

I u e e

A i o e

U u e

o e

A a i u

i e a

e a

e

Schneide die Bilder aus Bastelblatt 23 aus und klebe sie in das richtige Kästchen! (Matrose, Obst, Ofen, Pilz, Paprika, Chinese, Safari, Tube, Uniform)

Bastelblatt 23 

a i a

a a i

O e

u e

U i o

O

i

i e e

a o e

Schneide die Bilder aus Bastelblatt 24 aus und klebe sie in das richtige Kästchen! (Pulli, Schule, Unterhemd, Zopf, Marmelade, Apfel, Oma, Nest, Wal)

Bastelblatt 24 

O a

u i

u e

e

o

a e a e

U e e

A e

a